Dirk Kurbjuweit

CORNELIA ZENNER | GÜNTER KRAPP

Lehrerheft

Inhaltsverzeichnis

Das Schülerheft erhalten Sie unter der ISBN: 978-3-941206-54-0.
Bestell-Nr.: S1054

Dieses enthält:

- Schreibaufgaben mit Hilfestellungen
- Gespräch mit dem Autor Dirk Kurbjuweit
- Inhalts- und Verständnissicherung
- Freundschaft zwischen Johann und Ludwig
- Vera und Johann
- Figurenkonstellation
- Beziehungen, Freundschaft und Identität
- Pubertät und Sexualität
- Symbolik in der Novelle

Die Seitenangaben zur Novelle im Schülerheft wie im Lehrerheft beziehen sich auf die Taschenbuchausgabe von Kiepenheuer & Witsch, KiWi 1063.
Diese stimmen mit der gebundenen Ausgabe von Nagel & Kimche, Hanser Verlage, überein.

Die Lektüre können Sie über unseren Verlag mitbestellen. Bestell-Nr.: TBZWEIEROHNE

Auf Seite 17 stellen wir die Verfilmung der Novelle vor.

Das Taschenbuchcover

„Zweier ohne" – die Novelle im Überblick

Mit dem pointierten Satz «IN DER NACHT, als das Mädchen vom Himmel fiel, wurde Ludwig mein Freund» eröffnet Dirk Kurbjuweit seine Erzählung einer intensiven Freundschaft zwischen Johann und Ludwig, die fatal scheitert. Der Leser begleitet über einen Zeitraum von etwa sieben Jahren die Protagonisten vom Ende ihrer Kindheit bis zum Übergang ins Erwachsenenleben.

Erzählhaltung, Erzählperspektive und die symbolische und novellistische Konzentration verleihen dieser Geschichte über Freundschaft, Liebe und Erwachsenwerden eine atmosphärische sowie phasenweise beklemmende Dichte.

Ludwig, der neu in Johanns Gymnasialklasse gekommen ist, imponiert Johann durch sein Selbstbewusstsein. So freut er sich, dass ausgerechnet Ludwig ihn, den ängstlicheren, zum Freund auswählt und zu sich zum Übernachten einlädt. Gleich bei dieser ersten Übernachtung stürzt sich nachts um zwei Uhr ein Mädchen von der Brücke über dem Haus in den Tod. Johann ist fasziniert, wie Ludwig dem Mädchen ohne Angst, ja fast euphorisch die Augen schließen kann. Obwohl ihn die Atmosphäre im Haus und in der Werkstatt des Vaters beunruhigt, ist er nun überzeugt, in Ludwig den richtigen Freund gefunden zu haben. Dieser kann ihm seine größteAngst nehmen, die Angst vor dem Tod und vor den Toten, nicht vor dem eigenen Ableben, sondern dem der Eltern. Ludwig hat offensichtlich Erfahrung im Umgang mit Toten, denn von der Brücke über dem elterlichen Haus springen immer wieder Selbstmörder. Die Freundschaft zu Ludwig hilft Johann seine schwierige Familiensituation, die Eltern haben sich getrennt, die stets lamentierende Mutter kann kaum Halt geben, zu bewältigen. Bald isst und übernachtet er hauptsächlich bei Ludwig.

Gemeinsam erleben Johann und Ludwig ihre Schulzeit und feiern in der Ruderbootklasse „Zweier ohne" viele Erfolge. Ihre körperlich ähnlichen Voraussetzungen, ihre Harmonie und innige Freundschaft lassen sie viele Siege erringen.

Als sie gegen Zwillinge aus Potsdam Niederlagen erleiden, intensiviert Ludwig die Freundschaft zu Johann und fordert ihn auf, wie Zwillinge zu werden, das Gleiche zu denken, zu fühlen und zu tun, um weiterhin Erfolge zu erringen. Als Johann sich nach einem Mädchen sehnt, Ludwig jedoch keine Regungen zeigt, ist ihr Zwillingsgelübde, alles gemeinsam zu erleben, gefährdet. Deshalb arrangiert Ludwig ihre erste sexuelle Erfahrung mit Josefine, einem 16-jährigen Mädchen, wobei offen bleibt, ob er selbst auch mit Josefine schläft.

Johann übernachtet in der Folge immer häufiger bei Ludwigs Familie und entfremdet sich so von seiner Mutter. Diese trauert nach der Trennung ihrem Ehemann, Johanns Vater, nach. Vera, die jüngere Schwester Ludwigs, nimmt Johann anfangs kaum wahr, ihm fällt jedoch auf, dass zwischen ihr und Ludwig eine eigenartige Spannung besteht.

Ludwig vereinnahmt Johann nun immer stärker, er verhindert Johanns zaghaften Versuch, eine Beziehung mit Josefine einzugehen, genauso unterbindet er eine Freundschaft mit Marco. Johann akzeptiert dies und sieht in Ludwigs Verhalten dessen Streben nach inniger Freundschaft, die es zu bewahren gilt.

Am Ende ihrer Kindheit fantasieren sie über eine gemeinsame Zukunft, von einem über 500 Meter hohen „Turm in Asien", den sie erbauen und in dem sie im Penthouse hoch oben residieren und erfolgreich agieren wollen. Voller Begeisterung beginnen sie in der Werkstatt des Vaters ein altes Motorrad, eine Triumph Tiger T 20 Cub, herzurichten. Eines Nachts verführt Vera Johann in der Werkstatt, Johann fühlt sich von Vera angezogen, und er beginnt eine Beziehung mit ihr. Obwohl sie diese vor Ludwig geheim halten, wittert dieser offensichtlich in Vera eine Konkurrentin. Als Vera sich auf das von beiden restaurierte Motorrad setzt, kommt es zum Eklat: Ludwig verprügelt seine Schwester, sodass Johann und der Vater eingreifen müssen.

Im Sommer ihres 18. Lebensjahres verschlechtert sich Ludwigs Laune zunehmend, sein Interesse am Restaurieren der Triumph erlahmt, missmutig fordert er Johann auf, nicht mehr von dem „Scheiß-Schlitzaugenturm" zu sprechen. Er beginnt sogar unmäßig zu essen, sodass er durch seine Gewichtszunahme den Sieg, ja die Teilnahme am Landesfinale „Zweier ohne" gefährdet.

Eigenartigerweise bessert sich für wenige Tage Ludwigs Laune, als er tagelang einen von der Brücke gesprungenen toten Bauern vor der nachforschenden Polizei versteckt. Das Geheimnis um den Toten, den

sie in ihrer noch einmal aufkeimenden Turm-Phantasie als ihren „Hausmeister" im Turm in Asien sehen, soll Ludwig zufolge beide untrennbar vereinen. Erst als der Verwesungsgeruch wahrnehmbar wird, „beerdigen" sie den Toten, indem sie ihn im Fluss unter der Brücke versenken.
Die Brücke über den Fluss wird im Anschluss an die Beerdigung zum Ort einer lebensgefährlichen Mutprobe. Ludwig überklettert dieses Mal auch den Sicherheitszaun, setzt sich auf dessen Kante und fordert Johann auf, ihm dies gleich zu tun. Anfangs will Johann nicht folgen, denn er will nicht wie der „Hausmeister" sterben. Er empfindet in der Freundschaft zu Ludwig und zu Vera Halt und Lebenssinn. Ludwigs Euphorie lässt jedoch Johann seine Angst überwinden und ebenfalls hinausklettern. Auf das Drängen Ludwigs „Wir sind Zwillinge" löst schließlich auch Johann beide Hände vom Zaun. Sich nur an einer Hand haltend, setzen sich beide der tödlichen Gefahr hoch über dem Fluss aus.
Je näher das entscheidende Landesfinale kommt und umso mehr er die nächtliche Intimität und Nähe mit Vera unter der Brücke genießt, macht Johann sich zunehmend Sorgen, ob er ihr Geheimnis vor Ludwig noch verborgen halten kann und soll.
Als das letzte Vorbereitungsrennen vor dem Landesfinale gegen die Zwillinge verloren geht, wirkt Ludwig immer verzweifelter, er unterliegt nunmehr sogar Fressattacken. Johann hungert als Freundschaftsdienst umso mehr, um das zulässige Wettkampf-Gesamtgewicht nicht zu gefährden. Obwohl sie das Finale knapp verlieren und niedergeschlagen sind, gelingt ihnen in dieser Niederlage zum ersten Mal eine innige Umarmung. Johanns Sorge um den Zustand seines Freundes Ludwig drückt sich darin aus, dass er in der Nacht nach der Niederlage aus Angst, Ludwig könne sich von der Brücke in den Tod stürzen, dorthin eilt und dabei auf Vera trifft. Diese wiederum hatte befürchtet, Johann könne sich das Leben nehmen.
Am nächsten Tag freut sich Johann auf die erste Ausfahrt mit ihrer restaurierten Tiger Cub, denn Ludwig absolviert an diesem Tag erfolgreich die Führerscheinprüfung. Bei der gemeinsamen Motorradausfahrt verschuldet Ludwig einen Unfall, bei dem er ums Leben kommt. Johann überlebt mit einer schweren Beinverletzung, die ihn sein Leben lang behindert.
Aus der Distanz von mehreren Jahren erinnert er sich an das Geschehen. Er arbeitet im Kaufhaus, in dem auch sein Vater arbeitet, ist ungebunden, nach wenigen Wochen scheitern seine Beziehungen mit Frauen immer wieder. Er glaubt immer noch, dass es ein Unfall war, dass sein Freund Ludwig vielleicht von der tiefstehenden Sonne oder einem Ballon abgelenkt wurde und deshalb den LKW übersah.
Johann freut sich, dass Vera ihn am nächsten Tag besuchen kommen wird. Vera ist aus den USA zu Besuch und hat ein Kind. Immer noch rätselt er, ob ihre Trennung nicht vermeidbar war. Nach Ludwigs Tod hatten sie zusammen gelebt. Zwei Jahre nach dem Unfall hatte er Vera zufällig von einer Erinnerung an Ludwig erzählt. Dieser hatte beim Richten des schmalen Bremshebels am Motorrad darüber sinniert, wie seltsam es sei, dass ein Leben davon abhängen könne, ob man im falschen Moment am Bremshebel ziehe oder nicht. Vera erschrak darüber und war überzeugt, dass Ludwig den Unfall absichtlich herbeigeführt hatte und auch Johann töten wollte, um sich und Johann im Tod zu vereinen. Johann hatte dies als unfaire Unterstellung zurückgewiesen und Vera Eifersucht auf seine enge Beziehung zu Ludwig vorgeworfen. Ein halbes Jahr darauf hatten sich beide getrennt.
Johann freut sich auf den Besuch Veras und überlegt, ob sie am nächsten Tag zusammen im Fluss schwimmen gehen könnten.

Eine Novelle über eine fatale Freundschaft

Bei der Analyse der Figuren, der Entwicklung der Handlung und der Erzählweise finden sich einige Ideen wieder, die Dirk Kurbjuweit zu seiner Erzählung und zur Novellenform veranlassten (siehe Autorengespräch mit Dirk Kurbjuweit S. 18–22):

- Johann als sich erinnernder „verunsicherter" Erzähler und dessen Gegenüber, die Freundesfigur Ludwig,
- die Geschichte einer Freundschaft, in der Ludwig immer beherrschender wird.
- Das ursprünglich stärkste Motiv Kurbjuweits einer schwierigen Vater-Sohn-Beziehung tritt dagegen facettenreich nuanciert in den Hintergrund.

Bezeichnenderweise spricht Kurbjuweit davon, dass die Figur Ludwig den Vater „aus der Geschichte gedrängt" habe, als die Figuren ihre eigenen Geschichten im Dialog mit ihm erfanden.
Interessant ist auch, wie Kurbjuweit zur Form der Novelle fand, die in ihrer auslassenden, atmosphärisch verdichteten Weise und Symbolik die Spannung und das „Unerhörte" in der Erzählung gestaltet:

„Die Form der Novelle hat sich ganz spät ergeben, als dann klar war: Was habe ich eigentlich für einen Stoff? Wie möchte ich ihn erzählen? Wo sind die Grenzen der Erzählung, was möchte ich nicht erzählen?
Für mich ist Schreiben vor allem Weglassen und nicht Schreiben. Man hat immer einen unendlich großen Stoff, ich kann über die Beziehung von zwei Jungen und einem Mädchen auch einen Roman schreiben, der tausend Seiten hat. Aber das wollte ich nicht, sondern ich habe Vieles weggelassen. Dadurch kam ich zur Form der Novelle."

Vor allem über Ludwig und dessen Gefühle und Motive erfährt der Leser alles nur aus der Perspektive des sich erinnernden Johanns. Wodurch wird dieser anfangs so heitere, mutige und selbstbewusste Ludwig so beherrschend und unheimlich, war der Unfall beabsichtigt, um Johann mit in den Tod zu reißen?

Johann, der verunsicherte Erzähler – die Erzählperspektive

Dirk Kurbjuweit hat sich für Johann als Erzähler entschieden, der auf sein Leben zurückblickt, nachdem er seinen Freund verloren hat und er den „Verdacht haben muss oder kann, dass der Freund auch versucht hat, ihn umzubringen, nicht nur sich selbst." (Dirk Kurbjuweit, Autorengespräch). Noch nach Jahren ist sich Johann über die Ereignisse nicht im Klaren. Als Erzähler tritt er in einen Dialog mit dem Leser. Dies wird besonders deutlich, wenn er immer wieder seine Unsicherheit andeutend fragt, „Wenn ich mich richtig erinnere ...", „... aber ich weiß nicht mehr, ob ich das damals schon gesehen habe ...", „Ich denke auch, dass ich Ludwigs Verhalten richtig einschätze, wenn ...", „Ludwig hatte Recht...". Der Leser fragt sich auch, warum Johann sich derart unterordnet, warum in der Familie Ludwigs kaum miteinander gesprochen wird, wodurch es zu diesem gestörten Geschwisterverhältnis zwischen Vera und Ludwig kam, was letztlich die Motive Veras waren, ausgerechnet mit Johann eine intime Beziehung einzugehen. Sie widerspricht am Ende, Jahre nach dem Ereignis, Johanns Ansicht, es sei ein unglücklicher Unfall gewesen, der zu Ludwigs Tod bei ihrer gemeinsamen Motorradausfahrt führte: „Er hat es mit Absicht gemacht ..." schlussfolgert Vera, als sie von Johann erfährt, welche Faszination Ludwig im Ziehen des schmalen Bremshebels am Motorrad sah, „wie seltsam es ist, dass ein Leben davon abhängen kann" (S. 132).

Atmosphärische Dichte und Spannung

Im ersten Kapitel wird mit feinen Andeutungen und Symbolik eine atmosphärische Dichtheit und Spannung erzeugt und geschildert, wie aus Johann und Ludwig Freunde werden.
Die scheinbare Banalität des ersten Satzes «IN DER NACHT, als das Mädchen vom Himmel fiel, wurde Ludwig mein Freund» ist frappierend und verlangt nach Aufklärung. Der rückblickende Erzähler Johann deutet in seinem Monolog früh den Schatten einer „Ungeheuerlichkeit" an: Seine Freundschaft mit Ludwig wird gegründet durch den Tod eines Mädchens, das von der Brücke über Ludwigs Elternhaus in den Tod springt.
Als Elfjähriger übernachtet Johann zum ersten Mal bei Ludwig und „war nicht sicher, ob Ludwig zu mir passt. Dann fiel das Mädchen vom Himmel."
Wachliegend erwägt Johann heimlich nach Hause zu radeln, da er spürt, „in diesem Haus, mit dieser

Familie stimmt etwas nicht." (S. 23). Ludwigs Familie lebt in einem Haus unter einer Autobahnbrücke, von der sich Menschen immer wieder in den Tod stürzen. Auch Ludwigs Schwester Vera mit ihrer ölverschmierten Katze, die zurückhaltende, beinahe abwesende Mutter, der Vater, der in der Werkstatt alte Motorräder repariert und schließlich das eigenartige Verhalten Veras, die sich beim ersten gemeinsamen Abendessen in einen Wettkampf zwischen Johann und ihrem Bruder einmischt, indem sie mehr Pfannkuchen in sich hineinstopft, verunsichern ihn.
Die Art, wie selbstsicher Ludwig nachts um zwei mit Ludwig zum toten Mädchen geht und diesem fast euphorisch die Augen schließt, beeindrucken diesen und vergewissern ihn, dass Ludwig für ihn der richtige Freund ist, denn „nur ein Freund konnte einem ununterbrochen das Gefühl geben, da zu sein" (S. 15). Er empfindet als Elfjähriger die Angst vor dem Tod (nicht die Angst vor dem eigenen Tod, sondern die vor dem Tod der Eltern, die Verlust-Trennungsangst), die Angst allein zu sein und ins Heim zu kommen als seine größte Angst. Tote verfolgen ihn im Schlaf. Er wünscht sich sehnlich einen Freund. So bringen das tote Mädchen und die Angst Johanns vor einer Zurückweisung durch Ludwig beide zusammen. Lud-wig hatte Johann zuvor auf der Brücke einer Mutprobe unterzogen, indem er ihn mit der Drohung, er habe auch einen Anderen anrufen, einen Anderen als Freund wählen können, dazu verleitet wider seiner großen Angst die Autobahn zu überqueren.
Es entwickelt sich ein Gefühl der Verbundenheit, das die Jungen zusammenschweißt. Johann sieht sich durch ein „verwandtes Du" bestätigt und überwindet seine Unsicherheiten. Gemeinsam erleben sie unbeschwerte Kinderjahre und die Pubertät. Die Bedeutung der Eltern und die Orientierung an ihnen tritt zurück, der „Spiegel im andern" (S. 14), Erfahrungen und Erlebnisse mit einem Freund werden wichtig. Ludwig vermittelt ihm diese Orientierung und Sicherheit.

Johann und Ludwig

Zu Beginn der Freundschaft zeigt sich Ludwig kühl, dabei zugleich auch schlagfertig und humorvoll, er lässt selbst den gefürchteten Rektor vor der Klasse auflaufen (S. 12f.), was ihm bei den Klassenkameraden Anerkennung einbringt. Ludwig fordert, ja erzwingt einerseits Annäherung, bleibt jedoch zugleich distanziert fremd, unnahbar. In den ersten Jahren der Freundschaft zeigt sich Ludwig gerne auch fröhlich, überrascht Johann mit seinen Ideen. Johann und Ludwig lachen viel miteinander, solange sie im „Zweier ohne" siegen (S. 55).
Johann hat als Mitglied im Ruderklub Ludwig zum Rudern gebracht. Sie tragen erfolgreich Regatten in der Bootsklasse „Zweier ohne", einem Zweierboot ohne Steuermann, aus. Beide ähneln einander äußer-lich, wenngleich Ludwig albinohaft hell ist, seine fast weißen Haare auffallen. Da beide fast gleich groß und schwer sind, bringen sie für diese Ruderbootklasse gute Voraussetzungen mit. Johann ist sich sicher, dass ihre Harmonie und ihr inniges Verständnis zum Erfolg beitragen und sie sich immer ähnlicher werden lassen. Die Symbolhaftigkeit des Ruderbootes gibt der Novelle den Titel.
Ihr Zwillingsein beflügelt anfangs die Freundschaft, sie erzählen sich gegenseitig ihre Träume. Es ist Ludwig, der fantasievoll die Idee vom „Turm in Asien", ihrer Zukunftsidee, einbringt.
Sie bleiben jedoch unter sich, in den Pausen stehen sie abseits, Kontakte zu Mitschülern gibt es kaum. „Sie störten uns. Wir brauchten sie nicht." (S. 58). Die kurze Phase, als Marco, ein Mitschüler, mit ihnen zusammen zum Rudern geht und sich zu ihnen gesellt, unterbindet Ludwig. Die Initiative für ihre gemeinsamen Entscheidungen geht meistens von Ludwig aus: „Meist war es Ludwig, der sie als Erster ausdrückte, weil er insgesamt mehr redete." (S. 59) Johann erkennt dies problemlos an und sieht darin die Bestärkung ihres Zwillingseins.
Da die Eltern sich mittlerweile getrennt haben und Johann seine Mutter als zunehmend fremd empfindet, übernachtet dieser immer häufiger bei Ludwig. Johann vergisst das Düstere des Hauses unter der Brücke, die unheimliche Ruhe im Haus, das auffallende Schweigen in der Familie und akzeptiert Ludwigs forderndes Wesen als mit seinen Zielen übereinstimmend.
Johann meint, Ludwig zu verstehen, ihm sind jedoch die Gefühle und Empfindungen des anderen nur

vermeintlich zugänglich. Das „Oben“ und „Unten“ in der Beziehung, die zunehmende Dominanz Ludwigs wird von Johann nicht wahrgenommen oder verdrängt. Er ordnet sich gerne unter, Ludwig gibt er meistens „Recht“, wenn dieser den Weg vorgibt.

Zwillinge werden

Eine feinsinnige Anspielung Kurbjuweits an die totalitäre Vereinnahmung der Menschen im Nationalsozialismus und Sozialismus!

Nach ungewohnten Niederlagen gegen ein Zwillingspaar aus Potsdam unterzieht Ludwig Johann einer weiteren Mutprobe auf der Brücke und schreit ihn an, „wie Zwillinge“ zu werden und immer „das Gleiche tun, das Gleiche wollen und das Gleiche denken“ zu müssen (S. 48), um die Zwillinge aus Potsdam schlagen zu können. Johann stimmt glücklich zu, zukünftig alles gemeinsam miteinander zu erleben und zu teilen.

Wie unmöglich, ja fatal dieses Gelübde ist, zeigt sich, als Johanns Sexualität erwacht. „Es wäre nicht so schwer gewesen, ein Mädchen zu finden. Das Problem war die Vereinbarung, die Ludwig und ich getroffen hatten.“ (S. 39)

So geht die Initiative, nacheinander das erste Mal mit demselben Mädchen zu schlafen, unbeabsichtigt von Johann aus, da Ludwig kein Interesse an Mädchen zeigt und Johann das ein Jahr zuvor erfolgte „Zwillingsgelübde“ nicht gefährden möchte. Ludwig überrascht Johann, indem er Josefine mit zu sich nach Hause bringt (S. 36): Johann deutet dies als Folge seines Drängens, „... das ihn dazu bewog, die Russin für uns zu gewinnen. Umso dankbarer war ich ihm.“ (S. 53) Es liegt nahe, dass Ludwig damit verhindern möchte, dass Johann sich über sexuelle Kontakte von ihm entfremdet. Ob auch Ludwig mit Josefine geschlafen hat, bleibt im Ungewissen: Er kommt schweigend und „ernst“ (S. 44) die Treppe hinunter und verlässt das Haus. Er unterbindet in der Folge jeden weiteren Kontakt Johanns zu Josefine, diskriminiert diese gar als „Russenschlampe“. Als Josefines Brüder die beiden zur Rede stellen wollen, schlagen Ludwig und Johann jeweils „ihren Russen“ nieder (S. 56). Johann reflektiert nicht seine Vorurteile, er geht nicht auf die Gefühle von Josefine und deren Brüder ein – er tut das, was Ludwig anordnet.

Zurück bleibt in Johann jedoch eine „allgemeine Sehnsucht [...], ein Verlangen, so etwas noch einmal zu erleben“ (S. 52). Das „Zwillingsversprechen“ hindert ihn daran, es behindert die Entwicklung seiner Individualität und das Knüpfen von Kontakten außerhalb der Freundschaft.

Vera – ein Aufstand Johanns oder ein Wettkampf um Zuneigung?

Johann wird wiederholt Zeuge des Konkurrenzdenkens und der Eifersucht zwischen Vera und Ludwig. Bereits am ersten Tag der Freundschaft mischt sich Vera zur Verärgerung Johanns beim Pfannkuchenwettessen zwischen Johann und Ludwig ein, aus dem Zweikampf wird ein Dreikampf (S. 30). Anfangs nimmt Johann Vera kaum wahr, sie ist die „kleine Schwester“ seines Freundes. In der Nacht des Beischlafs mit Josefine, als Vera überraschend früher zurückkommt, bringt sie Johann damit in Verlegenheit.

Nachdem Ludwig eine Beziehung zu Josefine schroff unterbunden hat, orientiert sich Johanns Sehnsucht auf Vera, obwohl er weiß, dass sie für ihn tabu sein muss. Als er sie eines Nachts in der Werkstatt trifft (S. 72ff.), – es bleibt offen, ob dies Zufall oder von Vera so inszeniert ist – berühren sich ihre Hände beim Streicheln der ölverschmierten Katze (!) immer wieder, schließlich umarmen sie sich und Johanns Hand tastet nach ihrer Brust. „... und dann ist da eine Brustwarze, die ist so hart wie ein kleiner Stein, und daran zerschellt das Nein.“ (S. 75)

Kurbjuweit schildert hier die Sexualität einerseits als Begierde Johanns, die sich nicht mehr unterdrücken lässt, deutet andererseits auch die Verführung Johanns durch Vera an. Fortan wird der Waldrand unter der Brücke zu ihrem Liebesnest. Der Raum oben auf der Brücke ist der Ludwigs und des Gelübdes des Zwillingseins(!). Vera wartet häufig auf Johann, um mit ihm zu schlafen. Die Sexualität steht anfangs im Vordergrund. Vera äußert jedoch ihre Gefühle, sie möchte gerne mit in den Turm in Asien, sie stellt ihre romantische Vision einer Zukunft mit Johann (S. 85) in Konkurrenz zu

der Ludwigs: „Ihre Etage" unter der der Jungen möchte sie mit Pflanzen bewachsen lassen, zwischen Blumen und Pflanzen sollen Schildkröten herumlaufen. Damit tritt sie zwischen Johann und ihren Bruder Ludwig, Johann möchte das zunächst nicht: „Der Turm in Asien war eine Sache zwischen Ludwig und mir." (S. 86) Aber er vermisst ihre Nähe (S. 120) und möchte, dass sie auch bei ihm übernachtet.
So gerät Johann in ein Dilemma: Einerseits empfindet er Veras Gefühle und die Zweisamkeit als schön, es gelingt ihm andererseits jedoch nicht, die Beziehung zu Vera offen zu gestalten und zu erleben, da er gegenüber Ludwig und seinen Schuldgefühlen in Konflikt gerät.

Für Dirk Kurbjuweit ist die „Tatsache, dass Johann Vera wählt, eigentlich der Aufstand von Johann gegen Ludwig. Johann merkt, dass seine Freundschaft mit Ludwig seltsam ist, er findet das reizvoll, auch schön, aber er will sich nicht ganz von Ludwig vereinnahmen lassen (...)." (s. Autorengespräch)

Aus der sexuellen Beziehung entwickelt sich ein Gefühl der Nähe, ein Gefühl von Partnerschaft und Zusammengehörigkeit: Vera setzt sich hinter Johann auf ein Motorrad in der Werkstatt, umarmt ihn und träumt von einer Fahrt „ans wilde Meer" (S. 112). So keimt im Konflikt zur Vertrautheit ohne Innerlichkeit zwischen Ludwig und Johann eine Innerlichkeit zwischen Johann und Vera.
Es ist naheliegend, dass Ludwig die Beziehung seiner Schwester zu Johann beobachtet hat, er wird zunehmend mürrisch und abweisend, er verwirft gemeinsame Pläne, bezeichnet selbst ihren Traum vom „Turm in Asien" als kindisches Hirngespinst. Wieder unterzieht er Johann auf der Brücke einer Mutprobe, einer lebensgefährlichen, die zeigt, wie verzweifelt er versucht, Johann an sich zu zwingen. Bezeichnenderweise hat er zuvor den Selbstmord eines Bauern benutzt, um Johann von der „Sinnlosigkeit einer Welt, in der man nicht mit den Toten leben kann" (S. 103), zu überzeugen. Auch wenn Johann wieder nachgibt und seine Hand vom Zaun löst, er klammert sich in seiner Lebensbejahung gedanklich auch an Vera: „Ich wollte das nicht. Ich hatte Ludwig, ich war nicht allein. Ich hatte auch Vera." (S. 108)

Vera ist neben Ludwig getreten, Johann genießt ihre Nähe, aber die Gedanken an die Zukunft belasten ihn: Ludwig muss zwangsläufig ihre verheimlichte Beziehung als Verrat Johanns empfinden. So ist der Konflikt mit Ludwig unumgänglich, und er artikuliert sich aggressiv, als Vera auf der Triumph sitzend an deren Gasgriff dreht. Damit bricht sie offen in die Freundschaft ein; Ludwig rastet aus und schlägt seine Schwester (S. 89). Johann muss eingreifen und mit Ludwig verbissen kämpfen, um ihn von Vera abzuhalten!
Johanns Gefühle zu Vera lassen sich nicht unterdrücken, ein Teilen mit Ludwig ist unmöglich. Fortan gibt es für ihn *Ludwig und Vera*. Johann spürt, was er Ludwig damit antut. Dieser kann nicht das „Gleiche empfinden und denken". Als dieser ihn nachts zu sich und zu einem leblosen Körper ruft, fürchtet er für einen Moment sogar, Ludwig könnte seiner Schwester etwas angetan haben.
Emotionale Nähe blitzt nur noch selten auf, Ludwig beteiligt sich nicht mehr an der Restauration ihrer Tiger Cub, Johann erkennt nicht (oder will nicht wahrhaben) warum und sieht in Ludwigs ständigem Kampf gegen das Gewicht die Ursache von dessen Verzweiflung. Folglich isst er – als Zwillingsdienst – noch weniger, um Ludwigs Gewichtszunahme auszugleichen. Sie reden nicht miteinander über ihre Befindlichkeiten, selbst als Vera Johann auf Ludwigs Veränderungen anspricht. Nur einmal, kurz nach der Niederlage im Landesfinale „Zweier ohne", gelingt ihnen beiden eine „richtig große Umarmung" (S. 118) und sie stehen aneinandergeschmiegt eine Weile auf dem Bootssteg. Es ist Ludwig, der die Nähe sucht; über ihre Gefühle und ihre Niederlage sprechen sie jedoch auch jetzt nicht. Er und Vera hätten die Pflicht gehabt, Ludwig ihre Gefühle und ihre Beziehung zu offenbaren. Johann hätte ihn darauf ansprechen müssen und ihm versuchen klar zu machen, dass damit ihre enge Freundschaft nicht in Frage gestellt wird. Immer wieder erwägt Johann, Ludwig die Wahrheit zu sagen, aber er lässt viele Gelegenheiten verstreichen und greift nicht ein, als sein Freund in eine immer tiefere Krise gerät, seine Heiterkeit und Lässigkeit verliert, zunehmend mürrisch wird und dem Druck des Siegenwollens und Gewichthaltens nicht Stand halten kann. Bei ihrer ersten Ausfahrt mit der Tiger Cub erwägt er noch, Ludwig von Vera zu erzählen, aber auch diese letzte Chance lässt er ungenutzt (S. 126). Kurz darauf fährt Ludwig in den Tod.
Auch Vera erkennt nicht, wie sehr Ludwig leidet, obwohl auch sie sicher sein kann, dass ihr Bruder ihre Beziehung zu Johann längst bemerkt hat. Als Ludwig durch seine Fressattacken den Rudererfolg

gefährdet, hält Vera sich zunächst zurück, sie hört nach dem zweiten Pfannkuchen bewusst auf zu essen (S. 112). Bald darauf isst Vera jedoch „drei Stück oder auch vier, damit Ludwig auf jeden Fall fünf aß." (S. 6) Johann hasst sie und den Vater dafür, dafür, dass sie die Not Ludwigs nicht erkennen und ihn zum übermäßigen Essen verleiten.
So kommt Veras Erschrecken über Ludwigs Bremshebel-Äußerung „Ich meine, sagte er, du ziehst im falschen Moment oder ziehst nicht und zack!, komisch, oder?" (S. 82) zu spät. Sie wusste vor der Katastrophe, dass ihr Bruder unter ihrer Konkurrenz litt, und dass sie sich zwischen Johann und Ludwig gedrängt hatte. Sie kannte ihren Bruder und dessen Situation in der Familie.

Vertrautheit ohne Innerlichkeit

Einige Gründe für fehlende Innerlichkeit deutet Kurbjuweit, fein nuanciert, an, indem er eine Atmosphäre der Sprachlosigkeit und des „Einander-Fremdsein" in den Familien gestaltet. Die Mutter Ludwigs ist kaum zuhause (Schichtarbeit), am Wochenende ziehen sich die Eltern auf Städtereisen zurück, auch Vera orientiert sich früh außer Haus, sie übernachtet oft bei einer Freundin. Der Vater, Vera deutet es an, ist beruflich und wirtschaftlich gescheitert, er hat Angst vor Niederlagen. Seine Beziehung zu Ludwig ist gestört, ein unsichtbarer „Kreidestrich" trennt Vater und Sohn in der Werkstatt, sie hindert den Vater daran, seinem Sohn beim Restaurieren der Tiger Cub Unterstützung (S. 81) und Zuwendung in der schwierigen Phase von Pubertät und Erwachsenwerden zu geben.

Auch Johann findet zuhause keinen Halt und keine Unterstützung. Seine Eltern haben sich getrennt, der Vater fährt sie nur deshalb zu Ruderwettbewerben, weil er seinen Sohn siegen sehen möchte. Eine tiefere Beziehung ist nicht erkennbar. Die Mutter entfremdet sich ihrem Sohn Johann, belastet durch die Trennung, lamentierend, in eigene Probleme versunken. In Pubertät und Adoleszenz erfahren beide, Johann wie Ludwig, keine familiäre Stütze und Wärme bei ihrem Ablösungs- und Selbstfindungsprozess.[1] So bleibt ihnen ausschließlich ihre Freundschaft, die Johann in Ludwigs Familie und in ihr „rätselhaftes Haus" mit der düsteren Atmosphäre, überschattet von der Brücke und den Toten, geführt hat (siehe: D. Kurbjuweit, Autorengespräch). Eine Atmosphäre, die erahnen lässt, warum Ludwig so vereinnahmend, so emotionsunfähig geworden sein könnte.

Ludwigs Ängste und sein Verhältnis zum Tod

Vielleicht erklärt dies auch Ludwigs bizarres Verhältnis zum Tod, das darin gipfelt, dass er durch das Verstecken eines toten Bauern (ihr „Hausmeister") Johann davon überzeugen möchte, „dass uns der Tote sagen würde, wie wichtig das ist, so zusammenzuhalten." (S. 99). Das Geheimnis um den Toten verbinde sie nun. Er verweigert einem Menschen, dessen Verzweiflung wir erahnen können, die Bestattung, missbraucht dessen Leichnam, um ihn in einem „verbindenden Ritual" unter der Brücke im Fluss zu versenken!
So erweist sich das Gefühl von Sicherheit, das Johann seine „schlimmste Angst" nimmt und ihn überzeugt, Ludwig sei der richtige Freund für ihn (S. 35)a ls trügerisch.
Ludwig kann nicht mit dem Tod umgehen, er ist belastet durch den Umstand, dass immer wieder Menschen in ihrem Garten den Tod finden. Er hat lediglich Erfahrung mit der Situation, er überspielt seine Ängste, Verluste, die Bedeutung des Todes kann er nicht verarbeiten, ebensowenig wie er Niederlagen verkraftet.

1 Unweigerlich wird man an Mitscherlichs Gedanken aus „Auf dem Weg zur vaterlosen Gesellschaft: Ideen zur Sozialpsychologie" erinnert. Mitscherlich hatte darin den Zerfall der „Hierarchie der Vaterrolle" und das Verblassen prägender Vorbilder beschrieben. Die daraus entstehenden Konflikte erzeugten neurotische Verhaltensweisen wie Indifferenz dem Mitmenschen gegenüber, Aggressivität, Destruktivität und Angst.

Der Tod ist für Ludwig „eine große Sache". Er instrumentalisiert die damit verbundenen Ängste Johanns und bindet ihn an sich. Es ist bezeichnend, dass er sich und Johann leichtfertig anmaßend der tödlichen Gefahr auf der Brücke aussetzt.
Ängste, die Episode des entführten Mädchens (im Brückenpfeiler versteckt) deutet dies an, bleiben ohne Zuwendung. Die Jungen sehnen sich nach ihr: „Insgeheim wünschte sich (...) wohl jeder hin und wieder selbst in der Rolle des Mädchens zu sein, so verloren, so bedauert und so gefährdet." (S. 60).
Ludwig spricht nicht über Gefühle und Ängste, Niederlagen machen ihn verbissen, auch über Sexualität schweigt er sich aus. Ludwig kann nicht akzeptieren, dass Johann sich nach einer Partnerin und nach Befriedigung seiner Sexualität sehnt. So ähneln sich Johann und Ludwig in fataler Weise in ihrer Sehnsucht, sich „nur im Spiegel von anderen" (S. 14) wiederzufinden. Ludwig missbraucht seine Stärken, damit Johann sich ihm unterordnet. Er missbraucht Johanns Erwartung, sich zu „vervielfältigen, um jemand sein zu können" (S. 14). Seine größte Angst ist die, Johann zu verlieren. Seine Zwillingsidee ist jedoch absurd, Johann und Ludwig können nicht „auf unsere Art gleich" werden (S. 48, Zwillingsschwur auf der Brücke). Die Forderung Ludwigs „Wir müssen immer das Gleiche tun, wir müssen immer das Gleiche wollen, wir müssen immer das Gleiche denken" (S. 48) ist totalitär, sie zerstört das Wesen von Freundschaft, deren Vertrauensbasis, das sich Einander-Mitteilen und Unterstützen. Letztlich führt sie in die Katastrophe.

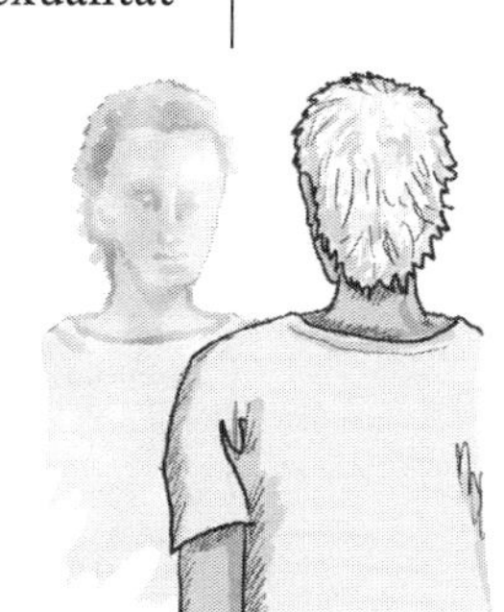

Verdichtende leitmotivische Symbolik

Die Symbolik von Orten und Gegenständen verdichtet leitmotivisch die Entwicklung der Handlung und den Charakter der Beziehung der Figuren. Dabei sind Symbole, etwa der „Zweier ohne" und das Motorrad, mehrdeutig und inhaltlich eng miteinander verknüpft.[1]

Die Brücke

Die mächtige und hohe Autobahnbrücke über den Fluss ist das Revier Johanns und Ludwigs. Anfangs bedeutet sie für die Kinder Größe, Abenteuer und Grenzüberschreitung, ihre erste Motorradausfahrt führt über sie. Auf ihr erfolgt das Zwillingsversprechen.
Sie vermittelt aber auch Ängste, Gefahr und Tod, insbesondere, wenn Menschen von ihr in den Abgrund springen. Der Gedanke an einen in ihr einbetonierten Arbeiter lässt Johann die Brücke personifiziert bedrohlich erscheinen, er hat Angst vor ihrer Höhe. Als ein entführtes Mädchen in ihr versteckt wird, ist sie ein Ort der Verzweiflung.
Die Brücke wird zum Symbol der Freundschaft und des Verbindenden, zugleich drückt sie die Dominanz Ludwigs aus, der auf ihr Johann durch Mutproben zur Unterordnung unter seine Wünsche zwingt.
Dies gipfelt schließlich darin, sich in lebensbedrohlicher Weise an den Händen fassend, frei auf dem Sicherheitszaun der Absturz- und Todesgefahr auszusetzen. Seine ungeheure Angst überwindend, folgt Johann Ludwigs Forderung ihm als «Zwilling» zu folgen und im wörtlichen wie im übertragenen Sinn ins «Gleichgewicht» zu kommen (S. 108).
Unter ihr beerdigen sie „ihren Bauer|n|". Unter der Brücke lieben sich Vera und Johann.

Auf ihr begegnet Johann Vera, als er fürchtet, Ludwig könnte sich aus Verzweiflung über die Niederlage im Landesfinale in den Tod stürzen (S. 120). Sie ihrerseits führt die Angst um Johann auf sie.

Das Ruderboot „Zweier ohne"

Das Ruderboot gibt der Novelle den Titel „Zweier ohne". Dirk Kurbjuweit, ehemals erfolgreicher Leistungssportler im Rudern, beschreibt in unserem Autorengespräch das Rudern in der Kategorie „Zweier ohne" als sehr anspruchsvoll und bei Ruderern gefürchtet:

1 Vgl. Pfäfflin, Sabine: Dichtesymbolik und spannende Lektüre. Dirk Kurbjuweits Novelle Zweier ohne im Unterricht. In: Literatur im Unterricht. Texte der Gegenwartsliteratur für die Schule. Wissenschaftlicher Verlag Trier, 1. April 2008.

„Ich habe selbst gerudert. Zweier ohne ist ein Boot, das wir damals gefürchtet haben, weil es extrem wacklig ist und man sehr sauber rudern muss, damit es gut läuft. Beim Zweier ohne zeigt sich, wer richtig rudern kann und wer nicht. Wer hat wirklich eine gute Balance, und welches Paar passt wirklich gut zueinander? Im Achter kann man sich noch verstecken, aber im Zweier ohne geht das nicht. Wenn sich da einer der beiden schont, dann läuft das Boot nicht mehr rund. "

Es ist Johann, der die Begeisterung für das Rudern in die Freundschaft einbringt. Ihr Verein schafft für die beiden eigens ein neues Boot an, da sie große Erfolge haben. Sie haben ideale, ähnliche körperliche Voraussetzungen und sie harmonieren ideal miteinander.

Das Boot ist mit einer tiefen Symbolik und Metaphorik verbunden, denn „Zweier ohne" heißt ergänzt in der Fachsprache „Zweier ohne Steuermann". So ist es anfangs auch, ändert sich aber durch die Ereignisse. Ausgelöst durch die ungewohnte „Niederlage" gegen die Zwillinge aus Potsdam, fordert Ludwig (auf der Brücke in Form einer weiteren, Johann beängstigenden Mutprobe!), dass sie wie Zwillinge werden müssten, um wieder Erfolge zu haben. Tatsächlich aber ist Ludwig in der Freundschaft der Steuermann, er entscheidet letztlich, wie zu „fahren" ist, er gibt den Schlagrhythmus vor. Bei einer Trainingsfahrt weist er Johann zurecht, als dieser Josefine am Ufer entdeckt und Blickkontakt zu ihr aufnimmt (S. 51).

Das Ruderboot weist deutliche Parallelen zum Motorrad auf: Auf beiden erleben Johann und Ludwig das Gefühl der Nähe, des Erfolgs, der Freiheit, der Harmonie und des Gleichklangs. Intensives Training bringt ihnen Erfolg beim Rudern, das Richten und Restaurieren ihrer Triumph T 20 Tiger Cub macht ihnen viel Freude und führt sie so eng zueinander, dass Ludwig Johann überredet, beinahe ständig bei ihnen zu wohnen. Dadurch entfremdet er Johann von dessen Mutter.

Das Motorrad, die Tiger Cub

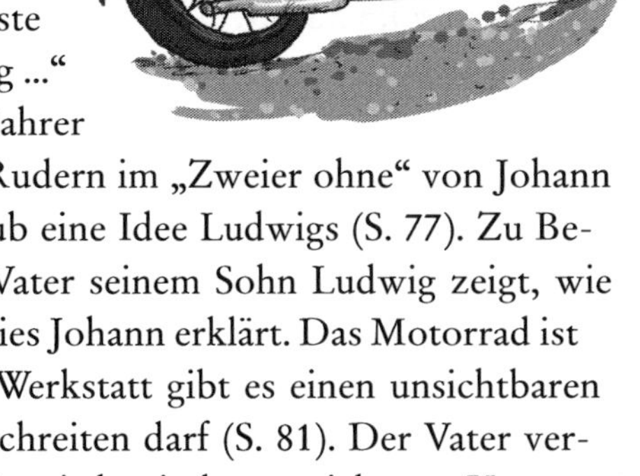

Der Vater Ludwigs restauriert in der Scheune alte Motorräder. Anfangs spielen die Jungen – wie Kinder es mit Motorrädern gerne tun –, sie setzen sich auf sie, ahmen das Fahren nach, sehen sich als Erwachsene, die das Weite mit ihm erkunden. Bei einer ersten Ausfahrt auf einem Motorrad des Vaters – noch ohne Führerschein – erleben sie die Harmonie, ihren Gleichklang, wie beim Ruderboot (S. 47), es „passte zu uns, es ist ein Gefährt für zwei, man bewegt sich im Gleichklang ..." (S. 68). Johann nimmt glücksbeseelt die Strafe als angeblicher Fahrer auf sich, als die Polizei ihre Schwarzfahrt beendet. Während das Rudern im „Zweier ohne" von Johann initiiert wird, ist das Herrichten der alten Triumph Tiger T 20 Cub eine Idee Ludwigs (S. 77). Zu Beginn arbeiten sie begeistert daran, wobei auffällt, dass nicht der Vater seinem Sohn Ludwig zeigt, wie einzelne Teile repariert und gerichtet werden können, sondern dies Johann erklärt. Das Motorrad ist die Welt der Freunde, der Vater darf sich nicht einmischen, in der Werkstatt gibt es einen unsichtbaren „Kreidestrich", von dem der Vater weiß, dass er ihn nicht überschreiten darf (S. 81). Der Vater verharrt auf seiner Seite, Ludwig auf der seinen. Johann wirkt als Vermittler, indem er sich vom Vater zeigen lässt, wie sie die Maschine restaurieren können.

Vera drängt sich in das Gemeinsame, das Verbindende zwischen Johann und ihrem Bruder, als sie davon träumt, mit Johann ans Meer zu fahren. Als Ludwig sie auf ihrer Tiger T 20 Cub spielend erwischt, rastet er vollständig aus und verprügelt seine Schwester, was zu einen Kampf mit Johann führt (S. 89–90)!

Als Ludwigs Elan erlischt, er nur mehr passiv beim Restaurieren der Maschine zuschaut, ist es Johann, der nun ihr zweites großes Ziel, die Restauration der Triumph, vorantreibt.

Ludwig deutet die tödliche Gefahr an, wenn er Johann darauf hinweist „dass ein Leben vom richtigen Umgang mit so einem blöden Griff abhängen kann? Ich meine, sagte er, du ziehst im falschen Moment oder ziehst nicht und zack!, komisch, oder?“. (S. 82)
Schließlich fährt er mit ihr in den Tod, den verschuldeten Unfall überlebt Johann nur knapp.
Wollte er, wie Vera fürchtet, Johann mit sich im Tod verbinden?

Der Turm in Asien

Ludwig möchte in Anlehnung an ihre kindliche Fantasie über die Höhe der Brücke einen „Turm in Asien“ bauen. Er malt ihn mit Altöl auf eine Zeitung, die in der Werkstatt hängt. Darin leben sie ihre Zukunftsfantasien in Form von Allmachtsvorstellungen aus, „der höchste der Welt“, anfangs 450 Meter (S. 79), schließlich 500 Meter hoch, (S. 85). In ihn projizieren sie auch eine erfolgreiche Berufsperspektive ohne „öde Uni“ (Ludwig), geprägt von Erfolg und „schönsten Sekretärinnen“. Der Turm ist ihre Art, in die Erwachsenenwelt hineinzuwachsen und „alles zu schaffen“. Er steht aber auch für ihre Maßlosigkeit und Anmaßung, als sie einen Bauer, der von der Brücke in den Tod springt, zu „ihrem Hausmeister“ in ihrem Turm fantasieren und ihn vor der Polizei verstecken.
Der Turm wird für Johann schließlich zum Zwiespalt in seiner zwillingshaften Freundschaft mit Ludwig, da auch Vera gerne in ihn einziehen und ihn mitgestalten möchte, in ihrer Vorstellung jedoch weniger unheimlich, weniger Macht ausstrahlend, sondern lebendig, von Pflanzen umwachsen. Dass Ludwig die Idee des Turms als kindisch verwirft und ihn als „Scheiß-Schlitzaugenturm“ abtituliert (S. 92), steht im Handlungskontext, dass seine Laune immer schlechter wird, er zu viel isst und wahrscheinlich mitbekommen hat, dass seine Schwester Vera eine intime Beziehung mit Johann hat.

Bedeutungswandel der Symbole

Die Betrachtung der Symbolik zeigt, dass mit der Entwicklung der Beziehungen und der Handlung ein Bedeutungswandel von Symbolen verknüpft ist: Johann und Vera lieben sich *unter der Brücke* und fühlen sich glücklich, nun steht sie auch für eine Konkurrenzbeziehung, die Veras zu Ludwig, der *„oben“* Ludwig seine Furchtlosigkeit demonstriert und ihn durch Mutproben an sich bindet. Dies gipfelt in der Szenerie, als Johann nach der Niederlage im Landesfinale nächtens auf sie eilt, weil er fürchtet, Ludwig könnte sich von ihr herabstürzen, dabei auf Vera trifft, die sich wiederum um Johann ängstigt.
Der alles überragende Turm in Asien wird von Ludwig verworfen, als Vera mit einziehen möchte.
Das Motorrad, ihre Tiger Cub, Symbol der innigen Freundschaft, der Harmonie und Zukunft, wird zum Streitobjekt. Auf ihm fährt Ludwig in den Tod.

Zwillingssymbolik

Wer an Zwillinge denkt, stellt sich meist eineiige Zwillinge vor, kaum unterscheidbar, die gerne auch gleich gekleidet werden, sodass der Außenstehende sie nicht auseinanderhalten kann. Zwillinge aus Potsdam beenden die Siegesserie von Johann und Ludwig. Ludwig folgert daraus, dass er und Johann wie Zwillinge werden müssen, um wieder zu siegen.
Als Johann nach Ludwigs Tod einen Artikel über das Klonen liest, zweifelt er, ob Wissenschaftler es schaffen könnten einem Menschen so einem anderen anzugleichen, „wie Ludwig und ich uns angeglichen haben.“ (S. 128) Damit spricht er ungewollt den Kern der fatalen Beziehung an: Ludwigs Deformation hat Johann deformiert. Seine Persönlichkeit konnte sich zu wenig ausprägen, das Finden seines Platzes, seiner Persönlichkeit, seines Platzes im Hier und Heute ist (noch?) nicht gelungen. Was blieb von den kühnen Träumen im „Turm in Asien“, der Projektion einer erfüllten Zukunft? Johann arbeitet als Erwachsener im selben Kaufhaus wie sein Vater, in einer anderen Abteilung, er kann „nicht klagen“, seine Beziehungen zu Frauen scheitern nach wenigen Wochen (S. 128). Noch nach Jahren ist Johann ohne partnerschaftliche Bindung. Dabei fühlt er sich nicht allein, da er Trauer als „eine Form von Gesellschaft“

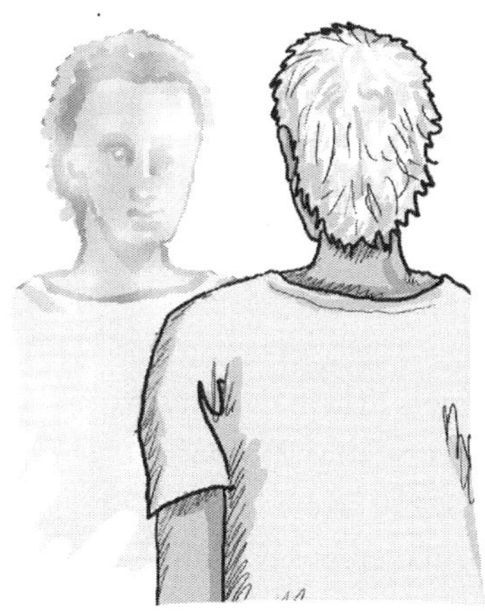

empfindet, er dabei an Ludwig denkt, an das, was dieser jetzt gedacht oder gesagt hätte. Fatalerweise bindet Ludwig ihn so tatsächlich durch seinen Tod an sich. Johann hat Beziehungsprobleme, da er als „Spiegel des anderen" fungiert hat. Das „Zwilling sein" hat Konflikten, anderen Vorstellungen und Zielen – in einer Freundschaft selbstverständlich –, keinen Platz gelassen, selbst eine Partnerschaft war nicht möglich.
Johann spürt, auch wenn er sich dies nicht eingesteht, eine Mitschuld am Tod Ludwigs. Er hat seinem Freund die Beziehung zu Vera verschwiegen, er hat auf die Krise seines Freundes nicht reagiert und ihm nicht geholfen. Selbst Vera hat er verloren, als er ihre Befürchtung schroff zurückweist, Ludwig habe auch ihretwegen den Unfall verursacht. Immer noch ist Johann nicht konfliktfähig, weicht Problemen aus und verliert schließlich auch Vera. Seine Zukunft bleibt unbestimmt offen. Ob Vera ihn besuchen will, um bei schönem Wetter im Fluss zu schwimmen?

Literaturhinweise

Pfäfflin, Sabine: *Dirk Kurbjuweit. Zweier ohne. Eine Novelle.*
In: Dies.: *Auswahlkriterien für Gegenwartsliteratur im Deutschunterricht.* Schneider Verlag Hohengehren, Baltmannsweiler, 2012

Pfäfflin, Sabine: *Dichtesymbolik und spannende Lektüre. Dirk Kurbjuweits Novelle Zweier ohne im Unterricht.* In: *Literatur im Unterricht. Texte der Gegenwartsliteratur für die Schule.* Wissenschaftlicher Verlag Trier, 1. April 2008.

Barbara Wolf: *„Zweier ohne" von Dirk Kurbjuweit, eine typische Novelle der Gegenwartsliteratur?*! Literaturwissenschaftliche Analyse im Hauptseminar Novellen der Gegenwartsliteratur an der Universität Augsburg 2011/12.[1]

Erwachende Sexualität – Suche nach Partnerschaft

Dirk Kurbjuweit thematisiert nicht nur eine fatale Freundschaft, er schildert auch erotische Gedanken und die sexuelle Initiation der Heranwachsenden intensiv. Deshalb urteilt Ute Stempel in ihrer Rezension *„Bodenlose Gemeinsamkeit. «Zweier ohne» – Dirk Kurbjuweits meisterhafte Novelle"*: „Schon lange ist erwachende Sexualität in der deutschsprachigen Literatur nicht mehr mit solch feinfühliger Verhaltenheit und Intensität in Szene gesetzt worden."

Die Eindeutigkeit und die Ausführlichkeit der Sexszenen kann Jugendliche irritieren, zumal Mädchen oft eine Abneigung gegen erotische Darstellungen zeigen, während Jungen sie eher als erregend beschreiben. Für die schulische Lektüre ist zu berücksichtigen, dass „Zweier ohne" nicht als Jugendbuch geschrieben wurde, die Irritationen über das Gelesene werden Jungen und Mädchen in ihren Gruppen untereinander leichter ansprechen.

Deshalb ist es wichtig, die Funktion der Darstellung der Sexualität zu betrachten:
Kurbjuweit beschreibt die erwachende Sexualität als Warten „auf etwas", was Johann und Ludwig aus Filmen eines Autokinos kannten: „Wir hatten alles gesehen, wir wussten, wie eine Muschi von innen aussieht." (S. 38) Johann orientiert sich zunächst an pornografischen Filmen, in denen die männliche sexuelle Befriedigung, nicht die Intimität und Partnerschaft zwischen Liebenden dargestellt wird.
Anfangs sieht Johann Mädchen vor allem als Sexualobjekte, er achtet auf ihren Duft, da er diesen noch nicht kennt (eine interessante Parallele zu Patrick Süskind, *Das Parfüm*).

1 https://www.philhist.uni-augsburg.de/lehrstuehle/germanistik/literaturwissenschaft/Lehrstuhl-Mayer/Studium-_-Lehre-Material/Sammlung-gelungener-Seminararbeiten/downloads/Wolf-Kurbjuweit.pdf (Aufruf: 27.08.2019)

Josefine, von deren Motiven der Leser nichts erfährt, ist offensichtlich sexuell erfahrener und deutet Johanns Zögern als Angst. Ihre Nacktheit entsetzt und begeistert Johann zugleich. Er wusste, „wie große Brüste im Liegen aussahen“, auch die Schenkel und Hüften verwirren ihn nicht, jedoch Josefines Schambehaarung: „Von Josefines Schoß wuchs das Haar fast bis zum Bauchnabel hinauf.“ (S. 45). Josefine wird in seiner Erfahrung „eine weiche, warme feuchte Höhle, und ich hatte keine Angst.“ (S. 46). Ludwig, der Initiator, ist weg, als Johann hinunter kommt. Er weicht Johann aus, der sich mit ihm über seine Erfahrungen und Gefühle sicher gerne austauschen würde.
Auch Johanns Sexualität mit Vera ist anfangs von Lust dominiert. Sie verändert sich jedoch, indem Vera Gefühle und ihre Vorstellungen von Partnerschaft einbringt. Sie möchte mit Johann ans Meer fahren, schmiegt sich auf einem Motorrad an ihn und macht mit vibrierenden Lippen die Motorgeräusche nach. Johann „ ... kam das etwas blöd vor, aber eigentlich auch nicht. Eigentlich war es ein schöner Moment.“ (S. 113)
Bei der wahnwitzigen Mutprobe auf der Brücke klammert sich Johann gedanklich an Vera: „Ich wollte das nicht. Ich hatte Ludwig, ich war nicht allein. Ich hatte auch Vera.“ (S. 108) Als er Vera nach der Niederlage im Landesfinale in Sorge um sich auf der Brücke trifft, gehen sie Hand in Hand, ihre Umarmung gelingt – im Gegensatz zu der mit Ludwig: „An der Art, wie sie mich unter dem Dach, wo die Motorräder standen, umarmte, merkte ich, dass sie mich vermisst hatte, und ich merkte auch, dass ich sie vermisst hatte“ (S. 121).
Johann entwickelt sich weiter, über die körperlichen Vorstellungen hinaus verbindet er im Zusammensein mit Vera Gefühle und den Wunsch nach Partnerschaft. Er hat etwas erfahren, was ihm in seiner zwillingshaften Freundschaft zu Ludwig verwehrt bleibt.

SH 9–11

In der Inhaltssicherung (Schülerheft S. 9, 10, 11) wird daher zunächst festgehalten, welche Funktion die Darstellung der Sexualität auf die Handlungsentwicklung hat:

- Johanns natürliche Neugier – seine erotischen Fantasien sind durch pornografische Filme geprägt und verzerrt.
- Die erwachende Sexualität Johanns wird von Ludwig nicht geteilt. Warum wissen wir nicht.

Auf Lesungen fragen Schüler immer wieder, ob Ludwig homosexuell orientiert sei. Kurbjuweit erwidert, dass er dies nicht in seiner Figur angelegt habe:
„Ich glaube, die Vermutung kommt daher, dass es eine ungewöhnlich enge Beziehung ist, und dass Ludwig Johann so eng an sich binden will. Das wird dann eben auch sexuell konnotiert. Das Alter von Johann und Ludwig ist auch ein Alter der sexuellen Orientierung. Ich weiß nicht, ob Ludwig sich letzten Endes schon entschieden hat, ob er schon weiß, ob er Männer oder Frauen begehrt, oder beide. Es ist auch nicht wichtig.“ (D. Kurbjuweit, Autorengespräch)

Für Ludwig ist Sexualität ein Tabuthema, darüber und über das Verliebtsein, die erste Liebe zu einem Mädchen, über Sexualität spricht er nicht. Johann weist er schroff mit dem Hinweis, dass dies vom Training ablenke, zurück.

- Im Sex mit Josefine erfährt Johann auch Geborgenheit und empfindet ein Verlangen nach einer Partnerin. Er ist einfühlsamer als Ludwig.
- Dies führt ihn zu Vera, durch die er neben seiner sexuellen Befriedigung auch partnerschaftliche Gefühle entwickelt. Er kann sie aber nicht ausleben – der Zwillingsverpflichtung gegenüber Ludwig wegen!

Im Gespräch über die Rolle und Darstellung der Sexualität in der Novelle sollte daher im Mittelpunkt stehen:

- Es ist wichtig, mit Sexualität vertrauensvoll umzugehen
- Sexualität darf sich nicht auf Körperlichkeit reduzieren, sondern geht einher mit Gefühlen, Vertrau-en, Zuneigung und Partnerschaft.
- Johann entwickelt über die sexuelle Befriedigung hinaus mit Vera partnerschaftliche Gefühle und erkennt, wie wichtig Gefühle in zwischenmenschlichen Beziehungen sind.

Jugendliche und Sexualität – Generation Porno?

Aktuelle Studien relativieren und vermitteln ein anderes Bild als das häufig in Medien kolportierte problembehaftete Sexualverhalten von Jugendlichen.
Pornografie ist für die meisten Mädchen und die Hälfte der befragten Jungen nicht relevant. Dabei sind die Jungen eher an pornografischen Inhalten interessiert als ihre Altersgenossinnen: Während unter den 15-jährigen Mädchen ein Drittel bereits „echte Pornos" gesehen hat, ist es bei den Jungen die Hälfte. Die große Mehrheit nutzt dafür das Internet.[1]
Dabei geht es ihnen jedoch nicht nur um Erregung, die Jugendlichen sind zumeist auf der Suche nach Erfahrung, Wissen und Vorbildern, an denen sie sich orientieren können; häufig, weil sie selbst noch keinen Sex hatten. Aber auch das Bedürfnis, im Freundeskreis mitreden zu können oder schlicht unterhalten zu werden, spielt eine Rolle.[2] Seit 1980 führt die Bundeszentrale für gesundheitliche Aufklärung (BZgA) Befragungen bei Jugendlichen zwischen 14 und 17 Jahren und jeweils einem Elternteil zum Thema Sexualität und Verhütung durch. Für die Studie „Jugendsexualität 2015" wurden erstmals auch junge Erwachsene zwischen 18 und 25 Jahren befragt. Dr. Heidrun Thaiss, Leiterin der BZgA, widerspricht der Annahme, dass junge Menschen zunehmend frühzeitig sexuell aktiv werden. Es zeichnet sich eher eine gegensätzliche Tendenz ab.

Die Ergebnisse im Überblick:[3]

- 3568 Jugendliche, darunter auch 1056 aus Elternhäusern mit Migrationshintergrund, wurden befragt.
- Die sexuelle Aktivität Jugendlicher hat zwar seit der ersten Umfrage 1980 zugenommen, ist aber seit den Höchstwerten von 2005 rückläufig.
- Der Anteil der 14-jährigen Mädchen deutscher Herkunft, die bereits Erfahrung mit Geschlechtsverkehr hatten, sank im Vergleich zur letzten Erhebung im Jahr 2010 leicht von 7 auf 6 %, bei den gleichaltrigen Jungen von 4 auf 3 %. Dagegen waren es 2005 noch 12 bzw. 10 %. In der gleichen Altersklasse ergaben sich bei den Jugendlichen mit Migrationshintergrund abweichende Werte von 4 % (Mädchen) und 14 % (Jungen).
- Bei den 17-jährigen Mädchen deutscher Herkunft reduzierte sich der Anteil geringfügig von 66 auf 65 %, bei den gleichaltrigen Jungen sank er auf 58 % (2005: 73 und 65 %). Dagegen lag er bei den Mädchen mit Migrationshintergrund bei 44 % und bei den Jungen bei 55 %.
- Während bei Jugendlichen deutscher Herkunft die Mädchen früher sexuell aktiv werden als die Jungen, ist es bei Migrationshintergrund umgekehrt.
- In der Regel erleben Jugendliche ihr „erstes Mal" in einer festen Beziehung, nur bei den Jungen mit Migrationshintergrund ist es weniger als die Hälfte.

Die Dr. Sommer-Studie 2016 zeigt sogar noch niedrigere Zahlen: Nur 27 % der befragten 16-Jährigen und 47 % der 17-Jährigen gaben an, schon einmal Geschlechtsverkehr gehabt zu haben.[4]
In der BZgA-Befragung wird deutlich, wie wichtig vielen jungen Menschen eine Partnerschaft ist: Unabhängig von Geschlecht und Herkunft ist der am häufigsten genannte Grund für fehlende sexuelle Erfahrungen noch nicht die/den Richtige/n getroffen zu haben.[5] Prägend für den späteren Beziehungserfolg sind positive Familienbeziehungen, denn das Erfahren von Verständnis, Wärme und Unterstützung fördert die Entwicklung von gutem Problemlösungsverhalten und emotionaler Stabilität.[6]

Julia Biedermann, Krapp & Gutknecht Verlag GmbH

---

1 Vgl. Dr. Sommer-Studie 2016. Quelle: https://www.bauermedia.com/de/presse/newsroom/artikel/dr- sommer-studie-2016-die-erste-diaet-mit-elf-die-ersten-selfies-im-netz-mit-zwoelf-der-erste-se/controller/2016/1/25/.

2 Vgl. Hadija Haruna: Geiler Scheiß. Welche Rolle sexuelle Neugier und Erfolgsdruck im Internet spielen. Quelle: http://www.fluter.de/de/114/thema/10765/18.9.2012.

3 Vgl. BZgA-Studie Jugendsexualität 2015. Quelle: https://www.bzga.de/infomaterialien/sexualaufklaerung/studien/jugendsexualitaet-2015/.

4 Vgl. Dr. Sommer-Studie 2016.

5 Vgl. BZgA-Studie Jugendsexualität 2015.

6 Vgl. Dr. Eva-Verena Wendt, Ludwig-Maximilians-Universität München: Paarbeziehungen und Sexualverhalten heutiger Jugendlicher – aus der Sicht der Sozialwissenschaften. Vortrag auf der Tagung „Extreme – Jugendliteratur ohne Tabus?", am 19.6.2010 in Tutzing. Quelle: https://www.uni-frankfurt.de/55286560/Vortrag_Wendt_ausformuliert_Tutzing.docx.

Die Verfilmung

„Zweier ohne“ wurde 2007 verfilmt und lief 2008 in den Kinos. Inzwischen ist eine DVD der Verfilmung erhältlich.

Der Film sollte, wenn er eingesetzt wird, erst nach der Lektüre und deren Erschließung daraufhin untersucht werden,

- wie er die Novelle und deren Motive umsetzt,
- welche Änderungen er vornimmt,
- ob die Charaktere verändert werden (Im Film entwickeln sich z.B. Johann und Ludwig äußerlich zu Skinheads)
- welche filmischen Mittel zum Einsatz kommen

Die entsprechenden Aussagen von Dirk Kurbjuweit aus dem Verlagsgespräch werden einbezogen.

Dirk Kurbjuweit zur Verfilmung „2ER OHNE“:

Haben Sie an der Entstehung des Filmes mitgewirkt oder hat der Regisseur das Drehbuch alleine entwickelt?

Ich wollte in dem Fall nicht mitwirken. Ich habe das Drehbuch gelesen und dem Regisseur ein paar Hinweise gegeben, aber ich war, anders als bei „Schussangst“, an der Entstehung des Films kaum beteiligt.

Der Film weicht in einigen Teilen wesentlich ab, er macht sogar die Protagonisten äußerlich gleich, die haben die gleichen Jacken an, die gleiche Haarfarbe haben sie auch.

Sie rasieren sich den Schädel.

Dirk Kurbjuweit vor einem Filmplakat „2ER OHNE“
Deutschland 2008
Regie: Jobst Christian Oetzmann Darsteller: Tino Mewes, Jacob Matschenz, Sophie Rogall, Peter Harting, Lena Stolze, Alexandra Schalaudek, Nora Quest, Piet Fuchs, Guido Renner
FSK: ab 12 • Länge: 93 min.

Damit gibt der Film eine starke Interpretation. Wie sehen Sie das als Autor, wenn ein Regisseur eine Parallelwelt entwickelt?

Mit gemischten Gefühlen. Ich freue mich einerseits immer sehr, wenn die Bücher verfilmt werden. Andererseits ist es ein bisschen schade. Das hat damit zu tun, dass die Macht der Bilder so groß ist. Ludwig, Johann und Vera sind meine Geschöpfe. Ich weiß, wie sie sind und ich weiß, wie sie aussehen. Doch sobald ich den Film sehe, sehe ich nur noch die Gesichter der Schauspieler, und dadurch geht mir meine eigene Fantasie verloren.

Links

- Filmkritik von Jens Hinrichsen (film-Dienst)
  http://www.filmzentrale.com/rezis2/zweierohnejh.htm
- Medienpädagogisches Begleitmaterial zur Erschließung des Films von FILMERNST-Kinobüro
  http://www.filmernst.de/media/files/Materialien/Zweier%20ohne.pdf
- Clips und Beiträge zur Verfilmung
  https://www.cinema.de/film/zweier-ohne,3159290.html
  (**Aufruf der Seiten:** 28.08.2019)

Dirk Kurbjuweit - Kurzbiografie[1]

Dirk Kurbjuweit, am 3. November 1962 in Wiesbaden geboren, ist Journalist und Schriftsteller. Er ist verheiratet, Vater zweier Kinder und lebt in Berlin.
Nach dem Studium der Volkswirtschaftslehre besuchte er die Kölner Journalistenschule für Politik und Wirtschaft. Die Heinz-Kühn-Stiftung ermöglichte ihm 1988 ein dreimonatiges Auslandsstipendium in Sambia.

Dirk Kurbjuweit hat inzwischen neben einigen Sachbüchern sieben Romane bzw. Novellen verfasst und ist weiterhin als politischer Korrespondent für den Spiegel tätig.

Seine journalistischen Stationen:

- 1990 bis 1999 Redakteur bei der Zeit, Ressorts Wirtschaft, Dossier und Politik.
- Seit 1999 beim Spiegel.
- Ab 2002 stellvertretender Leiter des Berliner Hauptstadtbüros des Spiegel.
- Von Juli 2007 zusammen mit Georg Mascolo Leiter des Spiegel-Hauptstadtbüros.
- Januar 2008 bis März 2012 alleiniger Leiter des Spiegel-Hauptstadtbüros.
- Seit Februar 2015 einer von drei stellvertretenden Chefredakteuren des Spiegel.

1 Im Schülerheft, S.47, wird der Autor näher vorgestellt.

Dirk Kurbjuweit in seinem Berliner Hauptstadtbüro des Spiegel

Autorengespräch Günter Krapp mit Dirk Kurbjuweit im SPIEGEL-Hauptstadtbüro, Berlin, 20. August 2012

Herr Kurbjuweit, haben Sie, bevor Sie ein Buch schreiben, so eine Art Plot, wo Sie Orte der Handlung, Figuren, wichtige Ereignisse festlegen oder wie finden Sie Ihre Geschichten?

Die Geschichten kommen meistens aus meinem Leben, ich bin Journalist, viel unterwegs und lerne verschiedene Menschen und Milieus kennen, und daraus ergeben sich manchmal Romanstoffe. So entstand zum Beispiel „Kriegsbraut", ein politischer Roman, ein Roman über eine deutsche Soldatin in Afghanistan. Meistens ist es so, dass mir eine Figur einfällt, mich eine Figur interessiert, und die wird dann in meinem Kopf lebendig. Man kann sagen, dass ich eine Weile mit der Figur lebe und mit ihr in einer Art von innerem Dialog eine Geschichte für sie entwickle. Das ist zunächst alles vage, wird aber immer konkreter und läuft dann auf eine Geschichte zu.

Bei „Zweier ohne" war es ein bisschen anders als bei den anderen Büchern. Ich habe von A. F. Th. van der Heijden die Novelle „Der Widerborst" gelesen. Sie handelt von einer schwierigen Beziehung zwischen einem Vater und seinem Sohn. Das hat mich nachdenklich gemacht, weil ich selbst eine schwierige Beziehung zu meinem Vater hatte und habe. Auf einmal stellte sich gleichsam ein Dialog mit mir selbst ein. Also ich, der Schriftsteller, redet mit der Figur Dirk Kurbjuweit in diesem inneren Dialog – und so entstand Johann.

Es geschieht oft in meinen Romanen, dass ich mir eine Geschichte vornehme, hier das schwierige Verhältnis von einem Vater zu seinem Sohn oder umgekehrt von einem Sohn zu seinem Vater, und dann entwickelt diese Figur ein Eigenleben und erzählt ihre Geschichte selbst. Das sind Dinge, die tatsächlich so passieren, weil ich die Gedanken laufen lasse.

Wer die Novelle „Zweier ohne" liest, weiß aber, es ist keine Vater-Sohn-Geschichte, da dann Folgendes passiert ist: Die erste Figur war Johann, und der brauchte irgendwann einen Freund. Dann habe ich einen Freund erfunden, und dieser Ludwig hat sich, wie es seine Art ist, immer weiter nach vorne geschoben, und hat den Vater aus der Geschichte gedrängt. Für mich wurde die Beziehung zwischen Johann und Ludwig immer interessanter, spannender, und so wurde „Zweier ohne" eine Geschichte von Freunden. Der Vater spielt nur noch eine kleine Rolle.

Insofern kann man beim Schreiben eines Romans, das ist meine Erfahrung, sehr viel planen und sich vornehmen, aber irgendwie schreiben sie sich dann selbst, die Figuren erfinden ihre eigenen Geschichten im Dialog mit mir, und genau das ist bei „Zweier ohne" passiert.

In der Fachliteratur über „Zweier ohne" wird die von Ihnen gewählte Novellenform immer wieder lobend hervorgehoben. Kann man daraus schlussfolgern, dass sich die Form der Novelle nach der Handlung, nach dem Festlegen der Figuren ergeben hat?

Ich fange irgendwann an, ein Tagebuch zu führen, in dem ich alles aufschreibe, was mir so einfällt, das irgendwie zu dieser Figur passt. Das dauert etwa ein bis zwei Jahre, und in der Zeit entsteht über diese Art literarischem Tagebuch die Geschichte. Das geschieht völlig ohne Formgedanken, erst einmal entsteht eine Geschichte. Die Form der Novelle hat sich ganz spät ergeben, als dann klar war: Was habe ich eigentlich für einen Stoff? Wie möchte ich ihn erzählen? Wo sind die Grenzen der Erzählung, was möchte ich nicht erzählen?

Für mich ist Schreiben vor allem Weglassen und nicht Schreiben. Man hat immer einen unendlich großen Stoff, ich kann über die Beziehung von zwei Jungen und einem Mädchen auch einen Roman schreiben, der tausend Seiten hat. Aber das wollte ich nicht, sondern ich habe Vieles weggelassen. Dadurch kam ich zur Form der Novelle.

Das würde auch den Erzähler Johann erklären, den naiven Erzähler. Wir erfahren alles über die anderen Figuren nur über ihn. Wir wissen auch nie, ob das alles stimmt oder ob es nur seine Wahrnehmung ist. Warum lassen Sie den Leser weder in Ludwigs noch in Veras Seele hineinschauen, etwa in Form eines inneren Monologs oder durch Wiedergabe ihrer Gedanken?

Die Festlegung auf diesen Erzähler war eine frühe Entscheidung. Für mich ist der Johann ein verunsicherter Erzähler, er ist, als er die Ereignisse erzählt, relativ jung. Er blickt in sein Leben zurück, und es ist etwas Fürchter-

liches passiert, er hat einen Freund verloren und er muss den Verdacht haben, oder er kann den Verdacht haben, dass der Freund versucht hat, ihn umzubringen, nicht nur sich selbst. Also ist Johann ein verunsicherter Mensch, der seiner eigenen Erinnerung nicht traut, nicht weiß, was er an Gedanken zulassen kann. Er verbirgt sogar Gedanken vor sich selbst. Ich wollte, dass der Leser durch die verunsicherten Erinnerungen, durch die Augen von Johann auf diese Geschichte schaut. Diese bleibt dadurch rätselhaft, bleibt in der Schwebe, so dass der Leser die Geschichte selbst auffüllen muss.
Jeder Schriftsteller, denke ich, bietet seinem Leser nur ein Gerüst an. Niemand erzählt alles. Ich habe gerade einen Roman gelesen, Peter Nadas „Parallelgeschichten“, tausendsiebenhundert Seiten, und man könnte denken, da wird nun wirklich alles erzählt. Aber selbst in diesem Roman wird nicht alles erzählt, auch dieser Roman liefert nur ein Gerüst, und der Leser „schreibt“ in diesen Leerstellen die Geschichte weiter, er „schreibt“ sie selbst. Deshalb ist der Leser immer der „zweite Schriftsteller“. Ich will dem Leser gar nicht so viel vorgeben, so viel nehmen von seinen Bildern und Interpretationen. Gerade bei „Zweier ohne“ wollte ich in einen fernen Dialog mit dem Leser treten. Er soll sich mit mir quasi unterhalten: Was ist jetzt wirklich passiert in der Geschichte? Warum verhält sich Ludwig so? Und warum ist Johann so seltsam? Das soll der Leser mehr ergründen, als dass er es von mir erfährt.

Johann ist, als er rückblickend erzählt, jenseits der 25. Als ihm Vera sagt, Ludwig habe den Unfall mit Absicht herbeigeführt, weigert er sich immer noch, diesen Gedanken zuzulassen. Dabei hätte auch er bei diesem „Unfall“ sein Leben verlieren können.
Ich weiß aus eigener Erfahrung, aber auch aus dem Bekanntenkreis und Freundeskreis, dass ich immer noch Dinge über mich erfahre, die mir neu sind. Dinge aus meiner Kindheit, aus meiner Jugend, bei denen ich denke, das kann nicht wahr sein. Ein alter Schulfreund erzählte mir, wie ich einmal jemanden, da war ich elf oder zwölf, ziemlich verdroschen habe. Ich bin eigentlich ein friedlicher Mensch, ich dachte immer, völlig ohne Aggression zu sein. Solch eine Szene gab es in meiner Erinnerung nicht. Ich habe immer gedacht und gesagt, dass ich mich noch nie geprügelt habe.
Als mein Freund mir diese Szene erzählte, wurde mir das Ereignis sofort klar, wie ein Film lief das vor meinen Augen ab. Ich wusste, wen ich geschlagen hatte und wie, und da dachte ich, Wahnsinn, wie so ein Gedächtnis arbeitet, was es zulässt, was es nicht zulässt. Ich war Mitte vierzig, als diese Offenbarung in meinem Kopf passierte, angestoßen durch meinen Freund.

Insofern glaube ich nicht, was Sie sagen, weil ich glaube, dass ich wahrscheinlich noch mit sechzig oder siebzig Gedanken haben werde, die ich niemals zugelassen habe bis dahin, weil sie vielleicht schreckliche Erfahrungen sind oder so wenig zu meinem Selbstbild passen, dass mein Gedächtnis, mein Unterbewusstsein das ganz tief vergräbt. Ich glaube, dass dem Johann etwas Ähnliches passiert ist.

Haben Sie in Ihrer Jugend oder in späterer Zeit ähnliche Erfahrungen mit einer Art Freundschaft gemacht, wie sie zwischen Johann und Ludwig geschieht?
Nein. Ich denke oft darüber nach, warum ich diese Novelle geschrieben habe, obwohl ich eine ähnliche Freundschaft nicht hatte. Es gibt in dem Buch biografische Elemente, das ist die Brücke über dem Ruhrtal, das ist der Freund, der unter der Brücke lebte, Selbstmörder, die in dessen Garten gesprungen sind.
Ich hatte aber zu diesem Freund keine solche Beziehung, auch zu keinem anderen. Ich weiß letztendlich nicht, warum ich das so geschrieben habe. Gerade, weil ich weiß, dass manches vergraben ist, kann es sein, dass mich noch eine Erinnerung aus meiner Biografie überrascht.
Bis jetzt ist meine Erklärung für diese Geschichte, dass ich einmal eine längere Phase hatte, in der ich mich einsam fühlte und ich keinen richtigen Freund hatte. Es kann sein, dass diese Sehnsucht nach einem Freund, nach einem wirklich engen Vertrauten, sich in diesem Thema widerspiegelt. Dass es weniger das Erleben ist, sondern das Sehnen, das sich in der Novelle niederschlägt.

Der Titel „Zweier ohne“ könnte als positive Metapher gelesen werden: Da finden sich zwei, der eine sehnt sich nach einem Freund, sein Elternhaus gibt ihm keinen Halt. So sucht er einen Freund und findet ihn. So könnte eigentlich ein wunderbares Jugendbuch beginnen. So ähnlich wie „tschick“ von Herrndorf. Aber „Zweier ohne“ tut das nicht.
Das liegt wahrscheinlich daran, dass mich das Idyll nicht interessiert. Mich interessieren eher die Zerwürfnisse von Menschen. Für mich ist Zweier ohne gar kein so ein positiver Begriff. Ich habe selbst gerudert. Zweier ohne ist ein Boot, das wir damals gefürchtet haben, weil es extrem wacklig ist und man sehr sauber rudern muss, damit es gut läuft. Beim Zweier ohne zeigt sich, wer richtig rudern kann und wer nicht. Wer hat wirklich eine gute Balance, und welches Paar passt wirklich gut zueinander? Im Achter kann man sich noch verstecken, aber im Zweier ohne geht das nicht. Wenn sich da einer der beiden schont, dann läuft das Boot nicht mehr rund.

Ludwig geht geradezu systematisch vor, um eine totale Kontrolle über Johann zu entwickeln. Das erscheint fast als bösartig motiviert. Wie kann jemand einen solchen, ich sage jetzt einmal „Plan" entwickeln, einen anderen Menschen an sich zu „zwillingen"?
Für mich hat diese Novelle auch einen politischen Hintergrund. Denn die erzwungene Gleichheit ist immer ein großes Problem. Beispiele sind der Sozialismus im Osten und der Nationalsozialismus. Die Angleichung, die Einschwörung auf eine gemeinsame Idee ist etwas Hochgefährliches. Es kann zunächst reizvoll wirken. Alle sind gleich, alle wollen das Gleiche. Sie sind eng beieinander, das ist etwas, das man ersehnt. Aber es kann auch leicht zur Herrschaft über andere werden, in der Politik oder im privaten Leben.
Ludwig hat etwas Böses. Ich wollte aber nicht erzählen, warum er so ist, ich wollte nicht den Leser darauf stoßen, warum er böse ist. Das ist der Grund, weshalb Ludwigs Mutter rätselhaft bleibt, sie taucht fast nicht auf, auch der Vater ist ein komischer Typ. Das Haus mit dieser Katze, die immer ölverschmiert ist, und dann die Brücke mit den Toten, das ist wirklich kein angenehmer Ort. Dieses Haus ist rätselhaft, irgendwas ist dort mit Ludwig passiert, was ihn zu einem merkwürdigen und manchmal bösen Menschen gemacht hat. Aber ich will nicht sagen was, das ist Sache des Lesers.

Warum traut sich Johann nicht, seine Beziehung zu Vera einzugestehen?
Ich sehe das anders. Ich gehe jetzt weit in der Interpretation meines Buches, was ich nicht so gern mache, ein Autor interpretiert ungern sein Werk. Die Tatsache, dass Johann Vera wählt, ist eigentlich der Aufstand von Johann gegen Ludwig. Johann merkt, dass seine Freundschaft mit Ludwig seltsam ist, er findet das reizvoll, auch schön, aber er will sich nicht ganz von Ludwig vereinnahmen lassen. Er macht heimlich eine Revolution, er sucht sich den Menschen aus, von dem er weiß, dass es Ludwig weh tut, wenn er den zu seiner Geliebten macht. Er will Ludwig nicht wehtun, aber er will auch ein bisschen frei von ihm sein. Er will ein Reservat haben, in dem er nicht von Ludwig beherrscht wird, sondern in dem er völlig frei von Ludwig ist, in dem er sich aus dieser Unterdrückung befreit. Das kann er idealerweise, indem er eine Liebesbeziehung zu dessen Schwester hat.

Ich habe den Eindruck, dass Vera Johann verführt, um dem Bruder wehzutun, um ihre Persönlichkeit nach vorne zu drücken und sich deshalb zwischen ihren Bruder und Johann schiebt.
Dass Ludwig und Vera in einem starken Konkurrenzverhältnis stehen, deutet sich schon am Anfang beim Pfannkuchenwettessen an. Dieses ist ein Wettkampf zwischen den beiden. Ludwig behandelt Vera sehr verächtlich. Das bekommt auch Johann mit. Deshalb weiß er, dass er sich besser nicht mit Vera einlassen sollte, auch wenn sie verführerisch ist.

Vera übernimmt die Initiative und verführt Johann, und dieser traut sich nicht, Ludwig diese Beziehung mitzuteilen. Er hat Angst, da er weiß, dass das zu einer heftigen Gegenreaktion führen wird.
Johann ist später auch deshalb so verstört, weil er weiß, dass er einen Anteil hat an dem Ausgang dieser Geschichte. Er ist nicht schuldlos am Tod von Ludwig. Er hätte mit ihm reden und sagen können: „Pass mal auf. Ich liebe deine Schwester und möchte sie hin und wieder sehen. Aber das hat nichts mit uns zu tun und nimmt dir nichts von mir, weil, was Vera mir als Mädchen geben kann, das ..." Aber er macht es nicht. Dadurch wird zum Teil Ludwigs Enttäuschung verständlich, denn er fühlt sich Johann, auch wenn er ihn beherrschen will, sehr nah. Aber er wird von ihm verraten.

Das Motorrad nimmt eine wichtige Funktion in der Freundschaft ein. Damit kommt es auch zum „Unfall".
Diese Möglichkeit deutet der Erzähler früh an, indem er sich an eine Aussage Ludwigs erinnert: „... du ziehst im falschen Moment oder ziehst nicht und zack!"
Ludwig versucht nicht nur sich selbst umzubringen, sondern auch Johann.
Absolut. Ich möchte das nicht komplett ausdeuten, aber die Novelle gibt Hinweise in diese Richtung, einmal über den Bremshebel, und durch den Zustand von Ludwig, der immer schlimmer wird. Das sind Hinweise, dass er unglücklich ist. In seinen Worten über Bremshebel steckt eine Warnung. Johann bekommt das zunächst nicht mit, er versteht Ludwig nicht. Aber hinterher weiß er das schon, er will sich das aber nicht eingestehen.

Johann wählt Ludwig auch deswegen zum Freund, weil der so selbstsicher mit dem Tod umgehen kann. Schließlich versteckt dieser sogar einen Selbstmörder.
Bekommen Sie bei Lesungen Fragen oder Rückmeldungen von Jugendlichen zum Thema Tod?
In meiner Novelle ist es eher der Umgang mit Toten, der für Ludwig so reizvoll ist.
Der Tod ist ein großes Thema in diesem Alter. Ich sehe an meinen Kindern, dass mit 14, 15 Jahren eine konkretere Form der Auseinandersetzung mit dem Tod beginnt. Erst ist das Thema weit weg und unklar, eine diffuse Angst, dann wird es aber konkreter, und darum ging es mir. „Leben und aus dem Leben genommen werden" ist für Jugendliche ein Riesenthema.

Ich habe gelesen, dass es Jugendliche immer wieder interessiert, ob Ludwig schwul sei.
Ja, das ist tatsächlich eine der meistgestellten Fragen bei Schullesungen, es ist oft sogar die erste. Das ist jedoch eine Frage, die ich nicht beantworte. Ich glaube, die Vermutung kommt daher, dass es eine ungewöhnlich enge Beziehung ist, und dass Ludwig Johann so eng an sich binden will. Das wird dann eben auch sexuell konnotiert. Das Alter von Johann und Ludwig ist auch ein Alter der sexuellen Orientierung. Ich weiß nicht, ob Ludwig sich letzten Endes schon entschieden hat, ob er schon weiß, ob er Männer oder Frauen begehrt, oder beide. Es ist auch nicht wichtig.
Viele Schüler möchten sich das Buch von mir interpretieren lassen. Und dann sage ich denen, interpretieren müsst ihr es. Ihr seid die „Schriftsteller" nach mir. Ihr füllt die Leerstellen mit euren eigenen Erfahrungen, mit euren eigenen Ängsten, Hoffnungen, und so entsteht erst der Roman. Der Roman entsteht über den Schriftsteller und den Leser. Er ist nicht komplett, er ist nicht vollständig.
Deshalb kann es auch nicht nur eine Interpretation geben. Für Lehrer kann es letzten Endes nur darum gehen, zu beurteilen, ob eine Deutung plausibel ist, ob sich das in der Novelle oder in dem Roman irgendwie andocken lässt. Mir schicken Schüler auch E-Mails und fragen: „Lieber Herr Kurbjuweit, morgen schreibe ich eine Klausur über 'Zweier ohne'. Hier ist eine Liste mit zehn Fragen." Ich antworte: „Ich freue mich, dass du mein Buch gelesen hast und dich damit beschäftigst, aber ich interpretiere es nicht."

Als Ludwig in die Klasse kommt und da so richtig souverän frech dem autoritären Rektor Paroli bietet, lesen die Schüler gerade Schillers „Bürgschaft". Diese Ballade wird aber inhaltlich nie angesprochen, auch nicht, dass es da um die wahre Freundschaft geht, die sich bewährt bis in den Tod. Haben Sie Schillers „Bürgschaft" mit Absicht gewählt, als Gegenmotiv zur vereinnahmenden Freundschaft?
Nein, habe ich nicht. Ich musste die „Bürgschaft" als Strafarbeit einmal auswendig lernen und kann Teile bis heute noch aufsagen, deshalb ist die Ballade ins Buch gekommen. Ich habe nie darüber nachgedacht, dass sie auch eine Freundesbeziehung beinhaltet, eine Dreiecksbeziehung. Allein die Tatsache, dass die „Bürgschaft" so tief in meinem Gedächtnis verankert ist, war ausschlaggebend.

Da müssten einige Interpreten ihre Werke umschreiben.
Leider ja.

Johann erfährt die Neunzigerjahre und das Zusammenbrechen des „Eisernen Vorhangs" als Überforderung. Die Weltpolitik richtet sich neu aus, die Lehrer scheinen hoffnungslos überfordert zu sein, und verwechseln sogar die neuen Grenzen. Auch die Eltern können ihren Kindern keine Orientierung bieten. Wie sehen Sie die heutige Situation von Jugendlichen, wo sehen Sie deren Probleme?
Das Hauptthema heute ist ein anderes, das erfahre ich von den Lehrern, mit denen ich zu tun habe, aber auch von meinen Kindern. Es ist die Frage, ob man in einer digitalen Welt oder einer analogen Welt aufgewachsen ist. Meine Kinder sind durch die digitale Welt geprägt, durch Internet, Facebook und YouTube. Für uns ist es schwierig, damit umzugehen. Wenn einer nur auf den Bildschirm guckt, denken wir, das ist wenig wert. Ich sage dann immer: „Lies doch mal ein Buch." Meine Kinder sagen dann: „Nee, machen wir aber nicht, wir lesen ja hier und wir schreiben hier. Uns interessieren diese Filme ..." Ich glaube, dass dies einen starken Bruch zwischen den Generationen erzeugt, weil es einen gigantischen Unterschied macht, ob man in einer digitalen Welt oder einer analogen Welt lebt oder aufgewachsen ist.

Das Parallelthema zu Ihrem Buch ist übrigens „Generation online – Leben in verschiedenen Welten?"
Das ist das ganz große Thema. Wir sind gerade umgezogen, und ich habe 60 Bücherkartons gepackt, dabei dachte ich, „wofür?". Meine Vorstellung früher war, dass meine Kinder irgendwann in meiner Bibliothek stehen und sich Bücher aussuchen werden. Aber das machen sie nicht. Wobei mein Sohn durchaus liest, meine Tochter nicht. Es bricht etwas ab, eine Form von Überlieferung. Für mich ist das Problem, dass ich ganz aus dieser analogen Welt komme, aus der Welt des Lesens und Schreibens, der Zeitungen und Bücher und Kinder habe, die das nicht übernehmen. Ich kann ihnen aber nicht immer ein schlechtes Gefühl geben, wenn sie am Computer sitzen, als würden sie eigentlich etwas Falsches tun. Sie brauchen ein positives Verhältnis zu der Welt, die die ihre ist. Mir fällt schwer, sie in diesem Teil ihres Seins zu bestätigen, aber ich arbeite daran.

Haben es unsere heutigen Jugendlichen schwerer als Ihre Generation?
Ich glaube, der Unterschied zwischen mir und meinen Kindern oder den Praktikanten, die ich im SPIEGEL-Büro sehe, ist, dass wir mehr Möglichkeiten hatten, was unsere Lebensläufe angeht. Die Lebensläufe vieler Praktikanten sind wunderbar, sie haben viele Praktika gemacht, sie waren in Amerika, man sieht dabei einen roten Faden: Durch den Bologna-Prozess werden die Jugendlichen sehr auf den Beruf hin getrimmt. Somit bereiten wir unsere Kinder vor allem auf ein Berufsleben vor, und das möchte ich eigentlich nicht. Deshalb halte ich auch zum Beispiel

G8 für idiotisch. Es ist nicht mein Ziel, dass meine Kinder möglichst schnell dem Arbeitsmarkt zur Verfügung stehen, sondern ich möchte, dass sie glückliche Menschen werden, und dazu gehört nicht unbedingt, dass sie eilig in den Arbeitsprozess integriert werden. Ich finde, diese Gleichgerichtetheit, dieses Zielstrebige, bedeutet eigentlich einen Verlust. Ich habe meinen eigenen Lebensweg als sehr frei und wenig zielgerichtet in Erinnerung. Es gab kaum Vorgaben für mich, was man machen muss, und deshalb bin ich eher ins Leben reingewandelt als reingestrebt und das fand ich eigentlich ganz schön.

Sie halten es für ungeheuer wichtig, dass Jugendliche lesen, und sie haben auch Ihren Kindern sehr gerne immer wieder vorgelesen. Worauf führen Sie die Faszination Lesen zurück?
Das Faszinierende am Lesen, ist das Mitschreiben. Lesen bedeutet Schreiben. Wenn ich einen Roman lese, eine Novelle lese oder einen Zeitungsartikel kann es sein, dass ich mitschreibe, die Leerstellen auffülle, meine eigen Fantasie, meine Erfahrung, meine Ängste, auch meine Hoffnungen da hineinpacke, das Buch damit auffülle.
Für mich ist das Lesen zudem eine Auseinandersetzung nicht nur mit dem Buch, sondern auch mit mir selbst. Das finde ich, ist Glück und Bereicherung. Man erfährt etwas aus der Buchwelt – und man erfährt viel über sich selbst. Deshalb war für mich völlig klar, dass ich meinen Kindern vorlese.

Sie sind ein sehr erfolgreicher Journalist. Sie haben für Ihre journalistische Arbeit mehrfach den Egon-Erwin-Kisch-Preis bekommen. Zugleich sind Sie ein erfolgreicher Romancier. Wollen Sie weiterhin zwischen den Welten hin- und herpendeln?
Ja, das möchte ich. Bei Lesungen werde ich oft mit der Frage konfrontiert: „Wann hören Sie denn endlich auf, ein blöder Journalist zu sein?“ Ein Schriftsteller gilt als etwas Höheres und Edleres in den Augen der Leser. Das mag ja auch sein. Aber ich bin wahnsinnig gerne Journalist. Für mich ist der Journalismus die Nabelschnur zur Welt, denn ich wäre ohne Journalismus niemals nach Afghanistan gekommen, ich hätte niemals das politische Leben so kennengelernt, wie ich es jetzt kenne. Ich kann beinahe jeden Menschen der Welt treffen, wenn ich das möchte. Ich kann in alle Länder reisen und ganz viele Erfahrungen machen, und das macht mein Leben reich und bunt, das liebe ich sehr.
Auch die Romane ergeben sich aus meinem journalistischen Leben. Ich bin nicht einer der Schriftsteller, die nur aus sich selbst schöpfen, die nach innen gucken und dort wunderbare Geschichten finden. Ich bin jemand, der nach außen guckt, der diese Welt wahrnimmt und wahrnehmen möchte, und daraus die Geschichten entwickelt, aus der Welterfahrung heraus. Es gibt dafür keinen schöneren Beruf als Journalist, denn der Journalismus führt mich in die Welt hinaus, ich kann ganz viel erleben, ganz viel sehen, und deshalb gehört das für mich zusammen, ich bin Journalist und Schriftsteller.

Welches sind für Sie die aktuellen Themen, die Sie besonders beschäftigen?
Als Journalist ist es natürlich die Euro-Krise, die mich stark umtreibt, über die ich demnächst auch noch einmal schreiben möchte. Das ist das Hauptthema. Mit dem Fall Wulf bin ich noch beschäftigt. Für mich ist immer Angela Merkel interessant, das ist die Politikerin, die ich am meisten mitverfolge. Richard Wagner wird dieses Jahr 200 Jahre, ich werde eine Geschichte über ihn recherchieren. Das sind die Themen, die mich journalistisch interessieren.
Gerade habe ich einen Roman abgeschlossen, der ein bisschen anknüpft an „Zweier ohne“, weil er ganz stark aus meinem privaten Leben schöpft, er heißt „Angst“. Das Thema ist Stalking, denn meine Familie wurde einmal gestalkt, und zwar in einer ziemlich üblen Form. Die Erfahrung dieser Zeit ist in diesem Roman aufgearbeitet.[1]

Sie sprachen die Euro-Krise an. Die hohe Verschuldung wird die Jugendlichen auf lange Zeit belasten.
Die Verschuldung ist die große Herausforderung unserer Zeit. Deutschland hat seit den Siebzigerjahren immer nur Schulden aufgetürmt. Wir leben in Saus und Braus, und irgendwann bricht das zusammen, zu Lasten der Kinder. Aber die Folge ist nicht, dass man den Kurs ändert, sondern dass man noch mehr Schulden macht, und sich und die kommende Generation noch mehr belastet. Das empfinde ich als Wahnsinn. Da ist etwas so grundsätzlich schiefgelaufen und es ist unfassbar, dass in einer Demokratie so etwas passieren konnte.

Herr Kurbjuweit, ich bedanke mich für das interessante Gespräch und die Einblicke in Ihr Schreiben!

---

1 Dirk Kurbjuweit, „Angst“. Rowohlt Berlin. Der Roman wurde ein großer Erfolg.

Der Unterricht

Die Handlung der Novelle „Zweier ohne“ erstreckt sich über einen Zeitraum von etwa sieben Jahren. Die Geschehnisse werden im Rückblick aus der subjektiven Sicht des Protagonisten Johann erzählt, wobei viele Lücken für den Leser offensichtlich werden, die er selbst füllen muss. Daher lässt die Deutung der Geschehnisse einen ziemlichen Spielraum für die Jugendlichen im Hinblick auf ihren eigenen Erfahrungshorizont.

Die Novelle umfasst 134 Seiten und ist in 6 Kapitel untergliedert, die keine thematischen Kapitelüberschriften, sondern lediglich einen formal identischen Anfang haben, nämlich die ersten drei Wörter in Großbuchstaben.

Die gegenwärtige Handlung ist auf das letzte Kapitel begrenzt, und selbst hier nur auf wenige Sätze, die vom Jetzt zeugen. Die spezielle Erzähltechnik, die ausschließlich die Figur des Johann als verunsicherten Erzähler auf seine eigene Vergangenheit zurückblicken lässt, vermittelt einen sehr subjektiven, bisweilen nach Zweifeln schreienden Eindruck der Geschehnisse um Ludwig, Johann und Vera.

Der Leser wird weitestgehend chronologisch durch die Freundschaft von Johann und Ludwig geführt, wobei das Augenmerk auf der Zeit der Pubertät der beiden Protagonisten liegt. Der Verständnisprozess wird manchmal dadurch erschwert, dass innerhalb der Rückblicke noch einmal Rückblenden bzw. Vorgriffe auf eine andere Zeit eingebaut werden, die den Leser oft fragend, zumindest aber neugierig zurücklassen. Auch wird es schwierig, die Handlungschronologie anhand des Alters der Hauptfiguren festzumachen, da manche Angaben uneindeutig sind. Wichtig erscheint vielmehr, den Überblick der Geschehnisse zu erarbeiten und die Altersangaben der jugendlichen Protagonisten nur bisweilen einzusetzen. Hierbei wird das Strukturbild zur Handlungsübersicht helfen (siehe LH S. 25).

Bei Geschichten, die mit Rückblenden und Vorausgriffen arbeiten, besteht die Gefahr, das Geschriebene zu zerpflücken, wenn man den Text kapitelweise erschließt. Dennoch ist es wichtig, den roten Faden, die einzelnen Handlungsetappen in einer geeigneten Weise festzuhalten, damit der Handlungsüberblick gewahrt bleibt. Daher ergänzen wir in unserer Konzeption die geleitete Inhaltssicherung mit thematischen Aufgaben und Seiten, auf denen Figurenbeziehungen festgehalten werden und lassen Raum für eigene Fragen und Interpretationen. Das ermöglicht den Schülern Entwicklungslinien in Handlung, Themen und Figurenkonstellation kapitelübergreifend zu erkennen, andererseits aber nicht zu früh voreilige Schlüsse bezüglich der Beurteilung von Handlungsweisen zu ziehen.

Das erste Kapitel gemeinsam lesen

Wir schlagen vor das erste Kapitel gemeinsam im Unterricht zu lesen und zu erschließen, da in ihm die Protagonisten vorgestellt sowie wesentliche Themen, Konflikte und zentrale Fragestellungen der Novelle angelegt werden.

Im Anschluss lesen die Schüler in Eigenregie die Novelle zu Ende. Während ihrer Erstlektüre werden sie selbstständig und geleitet durch das Schülerheft Inhalte sichern sowie erste Erkenntnisse zu den Figuren und Themen festhalten. Im Zentrum hierbei steht das Sammeln von Informationen nach inhaltlichen Schwerpunkten. Dennoch haben die Schüler auch hier die Möglichkeit, eigene Schlussfolgerungen zu ziehen, Fragen zu formulieren und Schreibaufgaben als Erschließungswerkzeug zu erkennen und zu nutzen. Diese eigenständigen Vorarbeiten dienen anschließend der Unterstützung des vertiefenden Erschließungsprozesses.

Aufgrund der Anlage der Geschichte ist eine Erarbeitung in größeren Lektüreabschnitten nicht sinnvoll. Auch die Entwicklung der Figuren sukzessive zu betrachten könnte in einer Info-Sammelei münden oder ungenau werden, da in den Rückblenden und Vorgriffen des Erzählers wichtige Hinweise auf Verknüpfungen in der Figuren- bzw. Konfliktentwicklung gegeben werden.

Thematische Schwerpunkterarbeitung

Die thematische Schwerpunkterarbeitung erfolgt mittels des Schülerheftes, und orientiert sich an den Beziehungen und Entwicklungen der Figuren. Die eine oder andere Textstelle wird dazu noch einmal gelesen und unter einem bestimmten Gesichtspunkt untersucht werden. Der Umfang solcher „Zweitlesevorgänge“ (immer fokussiert durch gezielte Textstellenvorgaben) hält sich in Grenzen, sodass nicht die Gefahr der „Ermüdung“ besteht.

Erarbeitungsphasen der Lektüre

Phase	Inhalt und Vorgehensweise
I	Einführung; gemeinsame Erarbeitung von Kapitel 1 im Unterricht (SH S. 3–8)
II	Häusliche Erstlektüre der gesamten Novelle in circa 2 Wochen, Leseaufträge und Aufgaben zur Inhaltssicherung (SH S. 9–16, 20); unterrichtliche Arbeit zu den Themen „Freundschaft" und „Erzählperspektive" (SH S. 17–19)
III	Vertiefende Erschließung der Themen und Figuren im Unterricht (SH S. 21–48)

Handlungsübersicht

Es ist von Vorteil, dass Sie als Lehrperson eine Handlungsübersicht in deren chronologischer Abfolge zur Verfügung haben. In dieser haben wir zum einen Geschehnisse um die Figuren Johann und Ludwig festgehalten, zum anderen ist damit aber auch die Entwicklung ihrer Freundschaft nachvollziehbar. Die Zuordnung der einzelnen Handlungsetappen zu den Kapiteln haben wir grob vorgenommen, allerdings ist es eher ratsam, die Zusammenhänge in der Geschichte in Entwicklungslinien, die kapitelübergreifend angelegt sind, zu betrachten.

Es liegt in Ihrer Entscheidung, ob Sie diese Strukturübersicht den Schülern als Kopie zur Verfügung stellen, oder ob Sie diese gemeinsam mit den Schülern erarbeiten wollen.

Gemeinsames Erarbeiten dieser Strukturübersicht mit den Schülern:

- Vorbereitung einer für alle sichtbaren Präsentationsfläche: Große Papierbögen, Pinnwand etc.; möglich wäre ein Papierbogen für jeweils ein Kapitel.
- Auftrag während des Lesens an die Schüler: Entscheidende Ereignisse in Familie und Beziehung der Figuren auf Kärtchen schreiben und diese an der entsprechenden Stelle in der Übersicht anheften.
- Kontrolle / Überarbeiten der Reihenfolge der Ereignisse durch die Schüler selbst.
- Zeitlicher Modus: Entweder zu Beginn einer jeden Stunde als Einstieg / Probleme klären / Fragen stellen – oder individuell und erst am Schluss im Plenum besprechen.

<table>
<tr><th colspan="6">Aufbau der Handlung in „Zweier ohne"</th></tr>
<tr><td>Exposition</td><td colspan="2">Entfaltung des Konflikts</td><td>Höhepunkt</td><td>Katastrophe</td><td>(Auf)lösung</td></tr>
<tr><th colspan="6">Themen – die Entwicklung der Freundschaft zwischen Johann und Ludwig</th></tr>
<tr>
<td>• Johann ist sich nicht sicher, ob Ludwig zu ihm passt
• Ludwig sucht sich Johann als Freund aus
• Erste Mutprobe auf der Brücke
• sie verbringen viel Zeit miteinander
• Johann ist fasziniert von Ludwig, weil der so unerschrocken mit dem Tod umgeht und keine Angst hat</td>
<td>• sie wollten „Zwillinge" werden
• Zweite Mutprobe auf der Brücke
• Ludwig hat „immer Recht"
• Johann „tanzt" nach Ludwigs Pfeife
• sie machen alles zusammen und gleich</td>
<td colspan="3">• sie waren „Zwillinge" geworden
• schotten sich von allen anderen ab
• Ludwig testet Johann mit einer lebensgefährlichen Mutprobe auf der Brücke
• spinnen gemeinsam Pläne von einem Turm in Asien
• Ludwig verändert sich, hat schlechte Laune, redet kaum noch, muss hungern, um sein Gewicht zu halten
• Ludwig beginnt maßlos zu essen, Johann versucht die Gewichtszunahme durch seinen Gewichtsverlust auszugleichen
• Ludwig macht Andeutungen auf die Katastrophe, die Johann aber nicht wahrnimmt
• Johann verschweigt Ludwig seine Beziehung zu Vera – aber Ludwig weiß es wohl und versucht Johann durch den Motorradunfall im Tod an sich zu ketten</td>
<td>• auch nach Ludwigs Tod sieht Johann keinen Anlass für Zweifel
• Vera stößt ihn darauf, dass Ludwig Selbstmord begangen hat und auch Johann mit umbringen wollte – sie deutet eine Mitschuld an
• Johann weigert sich, tiefgründig über diesen Vorwurf nachzudenken, lässt sogar die Beziehung zu Vera daran scheitern</td>
</tr>
</table>

Anhand der Inhaltssicherung im Schülerheft auf Seite 9–15 kann dieses Überblickswissen als Grundlage für die vertiefende Erschließung festgehalten werden. Die Möglichkeit für die Schüler, während und nach der Erstlektüre Fragen an den Text oder an Figuren zu stel-len, kann man an einer Pinnwand visualisieren, die anonym bestückt und fortlaufend während der Erschließung und Unterrichtsarbeit aktualisiert bzw. bearbeitet wird. So können Schüler selbst Antworten geben. Aber auch Sie als Lehrer können durch gezielte Fragen, die Sie dort mit anbringen, Akzente setzen, die in Ihrem Unterricht noch eine Rolle spielen sollen (siehe SH S. 16).

Ende der 80er - bis Mitte der 90er - Jahre									
Kapitel 1		**Kapitel 2**				**Kapitel 3 und 4**	**Kapitel 5**	**Kapitel 6**	
Juni	**2 Wochen später**	**1 Jahr später**	**3 Jahre später**	**4 Jahre später** (ihre zweite Rudersaison)	**5 Jahre später** (April)	**5 Jahre später** (Sommer)	**5 Jahre später** (Herbst)	**7 Jahre später**	**Jahre später**
• Johann ist im Ruderverein • Ludwig kommt in Johanns Klasse – **erste Begegnung in der Schule**	• Johann schläft die erste Nacht bei Ludwig • Johann lernt Ludwigs Vater und seine Schwester Vera kennen • das Mädchen fällt vom Himmel	• Johanns Eltern trennen sich	• Ludwig rudert mit Johann im „Zweier ohne"	• die Zwillinge aus Potsdam werden ihre Konkurrenten im Rudern – Ludwig und Johann geben sich „Zwillingsgelübde" • danach nur noch zwei Niederlagen • im Winter kommt Marco in die Klasse • zwei Selbstmörder von der Brücke gesprungen	• beide haben ihre erste sexuelle Erfahrung mit Josefine; inszeniert von Ludwig • Ludwig hält Johann danach von Josefine fern: Johann verspürt Sehnsucht nach einem Mädchen • Johanns Vater heiratet wieder	• Schlägerei mit Josefines Brüder • Entführung des Mädchens aus der Sexta • Ende Jugoslawiens und der Sowjetunion • Abweisung Marcos • Vera besucht dasselbe Gymnasium • Johann und Vera kommen sich nahe • Johanns Vater fährt zu allen Regatten mit • Erfolge gegen die Zwillinge • Motorradausflug ohne Führerschein – Johann zu Sozialstunden verdonnert • **Beginn der Liebesaffäre** • Ludwig versteckt den Selbstmörder von der Brücke • verlorene Landesmeisterschaft	• Ludwig wird 18 und macht seinen Führerschein • Johann erzählt seiner Mutter, dass Vera künftig bei ihm übernachten wird • Ludwig stirbt bei einem selbstverschuldeten Motorradunfall (Selbstmord), Johann wird verletzt • Johann und Vera sind ein Paar	• Vera konfrontiert Johann damit, dass Ludwig Selbstmord begangen hat und ihn auch töten wollte • Vera und Johann trennen sich • Vera geht nach Amerika zum Studium	• Johann unverheiratet und ungebunden • arbeitet in der Lebensmittelabteilung des Kaufhauses • er hinkt • Vera kommt ihn besuchen
Johann und Ludwig beide 11 Jahre alt				Johann und Ludwig beide 16 Jahre alt	Johann und Ludwig beide 17 Jahre, Vera 15 Jahre alt		Ludwig 18 Jahre, Johann 17 Jahre alt.	Johann 19 Jahre alt	Johann Mitte 20

Das Heft ist in **fünf Teile** gegliedert:

Teil	Seiten	Zielstellung	Inhalte
I	3–8	**Erarbeitung der Ausgangssituation:** (Kopfzeile mit Kapitelzuordnung 1)	• Leseerwartungen/Lesemotivation • Titelassoziationen • unerhörte Begebenheit am Beginn • die erste Begegnung von Johann und Ludwig • der Beginn der Freundschaft • Ludwigs Zuhause/Familie • kleinere Schreibaufgaben zur Erschließung • offene Fragen für die Erstlektüre • Angebot für ein Foto-Team/Figurenexperten/Theater-Team
II	9–15	**Leseaufträge zur Inhaltssicherung bei der häuslichen Lektüre:** zu Inhalt, Handlungsort, Figuren und Themen/Motiven (Kapitel 2–6)	• Fragen zum Text • Bewertungen und erste Deutungen von Situationen • kleinere Schreibaufgaben zur Vertiefung in die Figuren
	16- 20	**Aufgaben im Unterricht während der Erstlektüre**	• Offene Fragen: Ich frage mich, ... • Austausch über die Bedeutung von Freundschaft für die Jugendlichen selbst • Erzählperspektive/Erzähler
III	21– 43	**Vertiefende Erschließung** von Themen, Figuren, Konflikten, Zusammenhängen und Symbolik	• ausgehend vom Unfall Erarbeitung von Spuren, die nun verfolgt werden müssen • die Figuren Johann und Ludwig • die Freundschaft von Johann und Ludwig • Musterschreibaufgabe („Zwillinge werden") • Entwicklung der Freundschaft als Bildfolge (SH S. 30/31) • die Familienbeziehungen • Vera und ihre Rolle bei der Freundschaft von Ludwig und Johann • Thema „Umgang mit dem Tod" • Symbolik: „Brücke", „Turm", „Zweier ohne" • „Zweier ohne" – eine Novelle
IV	44– 46	Übergreifende Schreibanlässe	• erfordern Inhaltssicherheit und das Verständnis der Figuren • Vorbereitung für die Prüfung/Klassenarbeit
V	47– 48	Informationen zu Dirk Kurbjuweit	• der Autor Dirk Kurbjuweit • Auszüge aus dem Autorengespräch

Kopfzeilen

In den Kopfzeilen der Seiten ist zunächst die Thematik des Arbeitsblattes ersichtlich. Bei einigen Seiten finden Sie zusätzlich eine Kapitelangabe. Da die Zusammenhänge kapitelübergreifend erschlossen werden müssen, kann diese nicht konsequent angewendet werden. Die Kapitel sind angegeben, wenn die zur Bearbeitung notwendigen Informationen gezielt dort zu finden sind. Hilfestellung geben gezielte Textstellenangaben, wo die Schüler in kurzer Zeit die gewünschten Grundinformationen finden, um sie dann für ihre eigenen Deutungen und Schlussfolgerungen heranzuziehen.

Figuren

Die Kenntnis von den Figuren und ihrem Wesen sowie ihren sozialen Strukturen innerhalb der Figurenkonstellation bilden den Schlüssel zum Verständnis und zur Einschätzung ihres Handelns. Informationen über die Figuren werden von Beginn an festgehalten, um am Ende der Erschließung ein schlüssiges Bild von ihnen zu haben, was die Lösung von Schreibaufgaben ermöglicht. Hierfür können die Figurenseiten (SH S. 22/23 und 34/35) genutzt werden.

Um einen Überblick über die Figuren, ihre Konflikte und Beziehungen zu erhalten, wenden wir im Schülerheft differenzierte Methoden an. Das soll dem Schüler gleichzeitig unterschiedliche Möglichkeiten aufzeigen, sich einer Figur zu nähern:

- Schrittweises Erarbeiten einer Figur mithilfe verschiedener Aufgaben, Leseaufträge und Fragestellungen
- Untersuchung der Figuren in ihrer Entwicklung im Verlauf der Handlung (auch mittels Schreibaufgaben)
- Bewertung von Handlungen und Beziehungen der Figuren aus eigener Sicht/aus der Sicht anderer Figuren; auch mittels Schreibaufgaben

Anregung 1: Figurenplakate

Bilden Sie in der Klasse eine Figuren-Expertengruppe, die sich der genauen Untersuchung und Darstellung der Figuren widmet.

Unter der Aufgabenstellung, die Figuren der Geschichte zum Leben zu erwecken, gestalterisch dem Charakter und den Einstellungen der Figuren Rechnung zu tragen, sind unter anderem folgende Ansätze denkbar:

a) **Darstellung der Figuren in Lebensgröße** (auf Papier, Tapete) – Gestaltungshinweise:
- Körperhaltung, Blickrichtung, Kleidung
- Farbwahl
- Symbole
- unterschiedliche Materialien, die man mit der Handlung in Verbindung bringen kann (z. B. Teile von Werkstattkleidung)
- „Anhängsel, Requisiten" (z. B. Briefe, die Katze in der Nähe als Symbol für Veras Anwesenheit, Werkzeuge für die Arbeit am Motorrad etc.)
- Textstellen

Hierbei ist es sinnvoll, die **Entwicklung** der Figuren im Laufe der Handlung zu verdeutlichen, z. B. Johann:

am Anfang

Gedanken drehen sich um einen Freund, seine Telefonliste ist noch leer (Hosentasche); geduckte Haltung steht für Angst und Unsicherheit; Pfeile als Symbol für Suche / Unentschlossenheit; Blick nach unten gerichtet,vom Geschehen abgewendet

während der Freundschaft („Turmzeit")

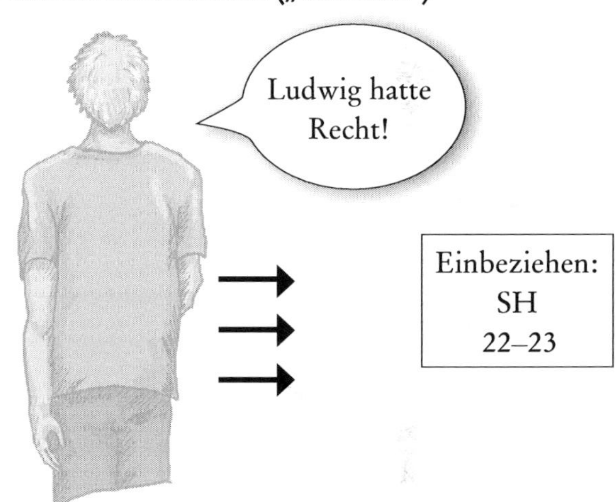

aufrechte Körperhaltung; strahlt gewisse Sicherheit aus – ist auf Ludwigs Nähe zurückzuführen; muskulös steht für Erfolg mit Ludwig im Rudersport, Pfeile nur in eine Richtung – auf Ludwig ausgerichtet; Blickrichtung in die Zukunft mit Ludwig im Turm in Asien

Diese Vorgehensweise ist bei den Hauptfiguren Ludwig und Johann, aber auch bei Vera sinnvoll. Die „Ausgangsfiguren" können nach dem Erschließen von Kapitel 1 erarbeitet werden. Die weiteren Zeitpunkte zur Arbeit an den Figurenplakaten, die zur Verdeutlichung der Entwicklung dieser Figuren beitragen können, werden hier im Lehrerheft mit einem Symbol gekennzeichnet:

Ergebnissicherung

Die Figurenplakate können im laufenden Unterricht zur Unterstützung der Erschließungsarbeit eingesetzt werden. Hierbei stellt die Expertengruppe ihre Entwürfe vor, die Klasse kann Fragen und Anregungen in die Diskussion einbringen.

Auch zur Inhaltssicherung nach der Erschließung der Novelle können die Figurenplakate herangezogen werden. Hier dienen sie als Aufhänger für konkrete Fragestellungen oder auch die Bewertung ihres Verhaltens.

Besonders reizvoll wäre der Einsatz aller gestalteten Figurenplakate *in Verbindung mit den Standbildern* (siehe S. 28) oder auch den *theaterpädagogischen Impulsen* (siehe S. 29) in einer Zusammenfassung der Themen, Konflikte und Entwicklungen in der Geschichte. Dies können Sie so gestalten, dass ein „Moderatorenteam" die Abfolge des Einsatzes der unterschiedlich gestalteten Figurenmedien koordiniert und jeder Schüler sich in die Diskussion einbringen kann.

b) Vorstellung in Bild, Text und Ton: Als digitale Präsentation oder Film (aus der Perspektive der Figur selbst: *Ich weiß, dass ich schon als kleiner Junge als „komisch" galt, aber ...*). Für die mediale Umsetzung können die Schüler Figuren selbst entwerfen oder diese collagieren oder auch selbst in deren jeweilige Rolle schlüpfen. Die Sprechtexte für die Figuren entwerfen die Schüler sukzessive im Erarbeitungsprozess.
Das Verständnis der Figuren entsteht bei den Schülern vor allem dadurch, dass sie sich mit ihren Entscheidungen und Handlungen auseinandersetzen und diese beurteilen. Hierfür sollen sie in die Figuren „hineinschauen" und auch entdecken, was die Figuren nicht sagen, sie aber in sich tragen und was sie mit sich selbst auszumachen versuchen.

In Erweiterung der Figurenplakate besteht die Möglichkeit, diese „Innensicht" mittels Standbilder auszudrücken.

Anregung 2: Standbild gestalten
Bilden Sie nach der Einführung ein Foto-Team, bestehend aus fünf Schülern, das markante Stellen der Handlung in Standbildern festhält.

Standbild

Die Schüler gestalten mit ihren Körpern(Gestik/Mimik) die Darstellung eines Problems, eines Themas oder einer Situation. Ohne Worte können so Haltungen, Einstellungen, Gefühle oder Beziehungen von Figuren zueinander verbildlicht werden. Als Bildfolge ist auch die Darstellung von Persönlichkeitsentwicklungen möglich.

Im Zentrum der Standbildmethode stehen die Beziehungen der Figuren zueinander.

- ein Team besteht aus dem *„Bildhauer"* (Regisseur) und den Darstellern *(„bewegliche Puppen")*
- der Bildhauer modelliert das Körperbild Schritt für Schritt
- die Darsteller übernehmen die Gestik und Mimik, die ihnen vorgegeben werden
- die Beobachter interpretieren das Standbild – am besten, wenn ein Foto davon existiert, sodass man in eine Diskussion eintreten kann

Hinweise:
- geeigneten Platz im Raum festlegen (eventuell Podeste nutzen)
- Personen im Raum anordnen
- Nähe und Distanz, Höhe und Tiefe, Körperhaltung gezielt einsetzen
- vor dem Fotografieren den *„Freeze-Zustand"* herstellen (keinerlei Bewegung im Gesicht und am gesamten Körper)

Die Wahl der Standbild-Situation treffen Sie und Ihre Klasse selbst, um den individuellen Unterricht und die Möglichkeit der Mitgestaltung durch die Lerngruppe den räumlichen Verhältnissen anzupassen.
Im Schülerheft geben wir durch das Kamerasymbol Hinweise auf markante Stellen für ein Standbild. Auch hier im Lehrerheft weisen wir mit dem Fotosymbol auf wichtige Stellen innerhalb der Handlung hin, die als Standbild festgehalten werden können, z. B. Anfangssituation: Johann überlegt, ob Ludwig sein Freund sein könnte und am Ende ist er sein Freund:

Tipps:
- Ludwig (links) ist der Coole, Furchtlose, den auch das tote Mädchen nicht erschüttern kann – ausdruckslose Miene
- Körperhaltung nicht angespannt
- selbstsicherer Blick, aufrechte Körperhaltung, Hände in den Hosentaschen
- Johann (rechts) schaut bewundernd in seine Richtung
- Johann ist beeindruckt von der Furchtlosigkeit
- Johann „bettelt" fast darum, Ludwigs Freund zu werden (Handhaltung)
- Johann steht weiter hinten, sodass der Eindruck entsteht, er sei kleiner (unbedeutender, nicht auf der gleichen Stufe wie Ludwig)

Anregung 3: Impulse aus der Theaterpädagogik

Bilden Sie in der Klasse ein Spiel-Team, welches sich der Erschließung des inneren Erlebens der Figuren sowie ihren Beweggründung für ihre Handlungen mittels Methoden der Theaterpädagogik widmet.

Impulse aus der Theaterpädagogik

Aufgaben aus der Theaterpädagogik haben sich im Bereich des handlungs- und produktionsorientierten Unterrichts etabliert. Sie schöpfen aus dem Reservoir des Theaters, das in seinen Kreativ-Möglichkeiten, Texte zu interpretieren, den Deutschunterricht bereichern kann. Das Spektrum der zu vermittelnden Kompetenzen ist groß:

- Persönlichkeitsbildende Kompetenzen (Ich-Kompetenz: Selbstbewusstsein, Engagement, Identifikation)
- Soziale und kommunikative Kompetenz (Empathie, Kommunikation, Kooperation, Verantwortung, Teamfähigkeit)
- Sach- und Methodenkompetenz (z. B. Analysefähigkeit)
- Ästhetische Kompetenzen (z. B. Rezeptionskompetenz, Entwicklung des sprachlichen Ausdrucks)

So kann man an den für diese Novelle angebotenen Aufgabenstellungen unschwer erkennen, dass die Lernsituation zahlreiche unterschiedliche Aspekte umfasst:

- Umgang mit Texten, Textverständnis (Situationen aus der Novelle)
- Sprechhaltung und sprachlicher Ausdruck (Spiel)
- Feedbackverhalten (Beobachtung anschließende Reflexion)
- Improvisation (Ausfüllen von Leerstellen / Umsetzen in andere Gattung)
- Konzentration (auf Textvorlage, Umsetzung im Spiel, Reaktion auf Partner)
- bewusster Einsatz von Körpersprache, Gestik, Mimik und Proxemik (Spiel)
- Zusammenspiel als Paar / Gruppe

Theaterpädagogische Verfahren:

a) *Hilfs-Ich*

Ein Hilfs-Ich ist im Grunde genommen eine „Doppelbesetzung" einer Rolle beim darstellenden Spiel.
Während des szenischen Spiels tritt das „Hilfs-Ich" hinter die betreffende Figur. Durch eine Berührung (Auflegen der Hand auf die Schulter des Spielers) gibt man dem Spieler zu verstehen, dass man sich als Hilfs-Ich äußern möchte. Dann äußert man sich in der Ich-Form, wie die Situation empfunden wird, welche Gedanken in den Sinn kommen und wie man weiter vorzugehen gedenkt. Somit kann das Hilfs-Ich unterstützen oder auch die Gedanken in eine andere Richtung lenken.
Eingesetzt werden kann das Hilfs-Ich besonders in Entscheidungssituationen einer Figur oder bei der Suche von Argumenten, um zu einer Konfliktlösung bzw. -bewertung zu kommen.

b) *Konfrontationsfigur*

Zwei Schüler bekommen dieselbe Rolle zugeteilt und bereiten sich auf die zu spielende Situation vor, in der sie sich gegenseitig unterstützen können. Günstig ist es, Aufgaben zu stellen, bei denen Argumente für die Begründung einer bestimmten Einstellung / eines bestimmten Verhaltens einer anderen Figur gegenüber zu sammeln sind. Ziel ist es, dadurch die Einstellung nachvollziehbar darzustellen (schriftliche Notizen sind hilfreich).
Die anderen Mitschüler werden in Gruppen aufgeteilt, die jeweils eine Gegenfigur erfinden, die versucht, besagte Einstellung oder Verhaltensweise der Bezugsfigur zu verändern. Die Gruppen sammeln Argumente, die helfen sollen, die Bezugsfigur umzustimmen (schriftliche Notizen und eine Vorgehensstrategie sind notwendig).
Ob es zu einer Verhaltensänderung kommt, entscheidet der Spielverlauf. Die Lehrperson kann als Gruppenmitglied fördernd und strukturierend in das Spiel eingreifen und es auch an einem passenden Punkt beenden.

c) *Kreuzverhör*

Bei dieser Aufgabe werden zwei Schüler bestimmt, die die Rolle einer Figur übernehmen. Sie sollen Argumente sammeln, die ihr Verhalten in einer bestimmten Situation rechtfertigen bzw. nachvollziehbar machen.
Die übrigen Schüler werden in Gruppen aufgeteilt, die jeweils Fragen formulieren, die die beiden anderen in einem Kreuzverhör beantworten müssen, um deren Handlung einer Prüfung zu unterziehen und die Figur anzuregen, über ihre Entscheidung noch einmal nachzudenken.
Hierbei sitzen sich die Fragenden und die Figurenbesetzungen gegenüber. Ziel ist die Bewertung eines Verhaltens.

Schreibanlässe

Wenn diese spielerischen Sequenzen per Video festgehalten werden, können sie in verschiedenen Situationen zum Verdeutlichen von Entwicklungen der Figuren herangezogen werden.

Für diese Aufgaben können die entsprechenden Schlüsselstellen entweder durch die Expertengruppe selbst ausgewählt oder durch die Lehrperson bestimmt werden. Wir geben hier im Lehrerheft anhand des Symbols entsprechende Hinweise und Aufgabenangebote.

Übergreifende Schreibanlässe

Übergreifende produktive Schreibaufgaben dienen der Auseinandersetzung mit dem Denken und Handeln der Figuren in Bezug auf wichtige Thematiken. Solche Schreibaufgaben verlangen ein übergreifendes Textverständnis. Der Schreiber muss seine Lektürekenntnisse und sein Textverstehen einbringen und entsprechend der Aufgabenstellung entscheiden, welche Ereignisse und Inhalte er in die Aufgabe einbringt.

In der Prüfung in Baden-Württemberg werden solche Formate als **„Produktiver Umgang mit Texten“** bezeichnet und umfassen meist wesentliche Teile der Ganzschrift. In anderen Bundesländern und in der Literatur werden diese Aufgaben u. a. auch als „Gestaltendes Interpretieren“ bezeichnet.

Am Ende der Lektüre setzen sich die Leser mit verschiedenen solcher übergreifenden Schreibaufgaben, wie sie in der Prüfung vorkommen können, auseinander. Das Schülerheft stellt drei Aufgaben vor (S. 44–46); dieses Lehrerheft enthält weitere Vorschläge (S. 74–78).

Illustrationen

Visuell begleitet wird der Erarbeitungsprozess durch verschiedene Illustrationen, die dem besseren Verständnis der Handlung/der Figuren und ihrer Handlungsmotive dienen sollen. Sie können natürlich von Ihnen auch anderweitig funktional eingesetzt wurden, um entscheidende Signalstellen/Textstellen nachzuvollziehen bzw. zu diskutieren und so das Hineinversetzen der Schüler in die Figuren unterstützen. Auf S. 30/31 des Schülerhefts werden die zentralen Grafiken als Bildfolge genutzt, um daran die Entwicklung der Freundschaft zwischen Ludwig und Johann dazustellen. Insofern erfolgt damit sowohl eine Inhaltssicherung als auch die Kontrolle des Textverständnisses.

Ruderboot „Zweier ohne“; Ludwig mit dem Rücken zu Johann (Schlagmann); das Boot fährt rückwärts

Ludwig und Johann auf der Brücke; Mutprobe; am Beginn der Freundschaft, nach einem verlorenen Rennen; Symbol für Ludwigs Angstlosigkeit und Auslotung von Grenzen

Ludwigs Zuhause – der „seltsame Ort“; Vater in der Werkstatt; Brücke thront über der „Hütte“; das eigentliche Wohnhaus spielt kaum eine Rolle im Familienleben, ölverschmutzte Katze

Johann – Vera – Ludwig; Vera steht zwischen der Freundschaft der beiden Jungen; hindert Ludwig an der vollständigen Vereinnahmung Johanns, Johann „hat“ – außer Ludwig – Vera

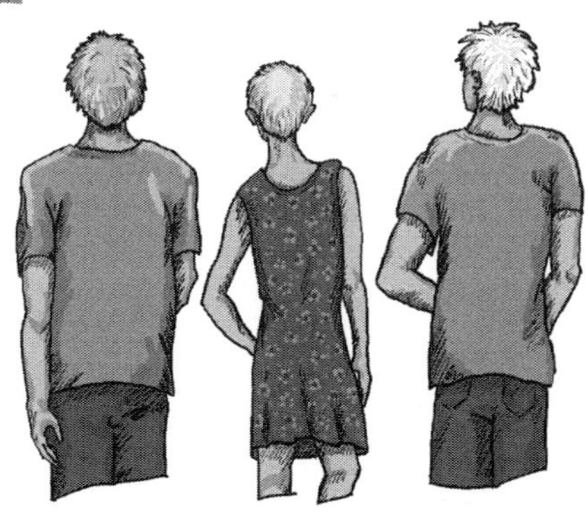

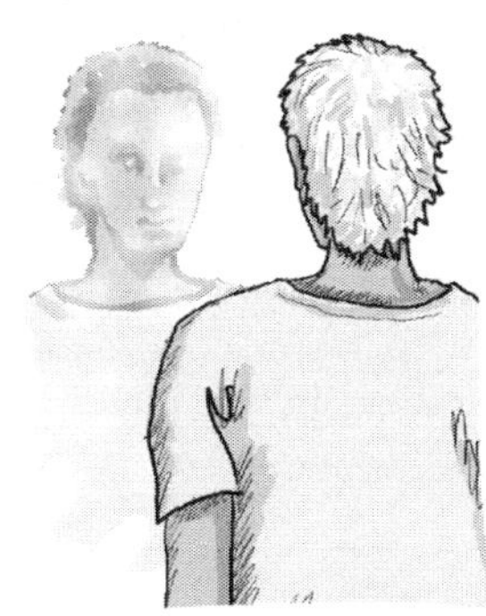

Johann als Ludwigs Spiegelbild **„Es gab uns nur im Spiegel von anderen“** (14/10); Johanns Persönlichkeit verschwimmt; Ludwig ist der Dominante in der Freundschaft; Symbol für „Zwillinge“, was sie aber nicht identisch werden lässt

Vera auf Ludwigs Motorrad; Symbol für ihre Einmischung in die Freundschaft; Provokation; Anlass für Ludwigs Gewalttätigkeit gegen sie

Pfannkuchenwettessen: Vera stachelt die beiden an; Johann sieht es als Zeichen ihrer Eifersucht auf die Freundschaft der beiden, vielleicht auch als Ruf nach Aufmerksamkeit; beim zweiten Mal ist es kein Wettkampf, sondern Verwunderung über Ludwigs Essverhalten; beim dritten Mal isst Vera immer einen mehr als Johann, um Ludwig anzustacheln noch einen mehr zu essen – Provokation

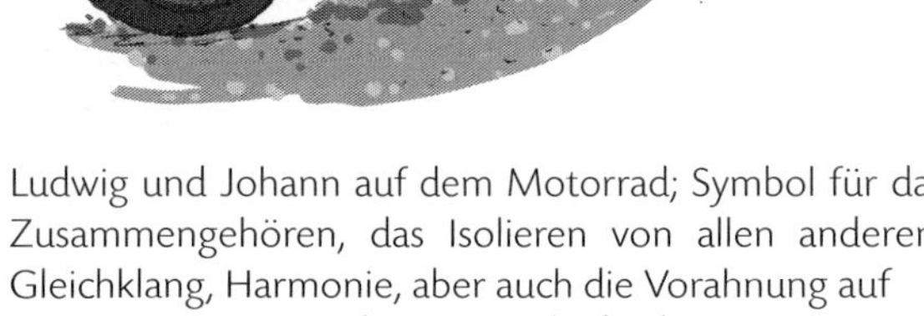

Ludwig und Johann auf dem Motorrad; Symbol für das Zusammengehören, das Isolieren von allen anderen; Gleichklang, Harmonie, aber auch die Vorahnung auf den Unfall: **„zwei Leben, ein Schicksal“**

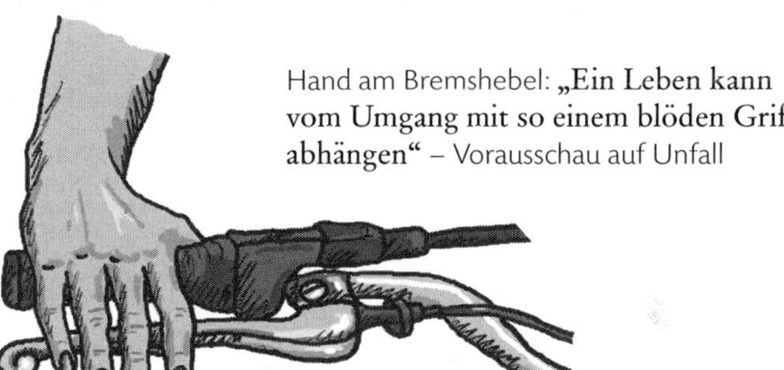

Hand am Bremshebel: **„Ein Leben kann vom Umgang mit so einem blöden Griff abhängen“** – Vorausschau auf Unfall

Ludwigs Helm nach dem Unfall; obwohl ihn Johann selbst festgemacht hatte, löste er sich; Hat Ludwig ihn nach dem Stopp absichtlich gelöst?

Die „ölige“ Katze, Veras Katze; Zeichen für Vernachlässigung – Anspielung auf das Familienleben

Vera und die Katze; immer wenn die Katze auftaucht, spielt Vera in der Handlung eine entscheidende Rolle; Symbol für Veras „schmutzige“ Absichten, Ludwig und Johann auseinanderzubringen?

Die Brücke als Symbol für den Ort, der Johann und Ludwig gehört, der sie verbindet, an dem sie ihre Freundschaft besiegelten; Zeichen von Bedrohung und Tod (Selbstmörder)

Der Turm als gemeinsames Zukunftsprojekt von Ludwig und Johann; Ludwig zerstört den Traum, als Vera in den Turm „eindringt“

Die Verwendung des Schülerheftes – didaktisch-methodische Anregungen

Das Schülerheft unterbreitet ein Angebot an Aufgaben und Methoden, die den Schülern lerntypengerecht einen Zugang zur Romanhandlung, zu dessen Figuren und Themen ermöglicht. Im Großen und Ganzen ist es durchaus möglich, mit dem Schülerheft linear zu arbeiten, wobei entsprechende kapitelübergreifende Seiten (vorrangig ab SH S. 21) beachtet werden müssen.

Es obliegt natürlich Ihnen selbst, die Reihenfolge der zu bearbeitenden Themen anzupassen, wenn die Erstlektüre beendet ist. Das Schülerheft ist ein Angebot, mit dem Sie jederzeit auch eigene bzw. sich aus der Unterrichtsdiskussion ergebende Schwerpunkte setzen können.

Eine sukzessive Arbeit mit dem Schülerheft ermöglicht es, am Ende der Unterrichtseinheit Folgendes zu sichern:

- Übersicht über die Handlung, die zentralen Themen und Konflikte
- Übersicht und Verständnis zu den einzelnen Figuren; auch in ihren Beziehungen zueinander
- Verständnis von Symbolen und deren Einbeziehung in die Figurencharakteristik und Handlungs- bzw. Konfliktentwicklung
- Unterstützung des Textverständnisses durch Textstellen und Schreibaufgaben

Die Arbeitsblätter zielen darauf, sowohl Informationen zu sammeln und somit den Inhalt des Romans zu sichern als auch eigene Denkansätze zu entwickeln und zu diskutieren. Es gibt einige Situationen, bei denen das Handeln der Figuren durchaus strittig sein wird. Dirk Kurbjuweit bezeichnet den Leser als „zweiten Autor", der die Leerstellen individuell ergänzt.

Entsprechend Ihrer Planung ist es möglich, die Aufgaben im Unterricht oder auch zu Hause bearbeiten zu lassen. Die Erarbeitung einzelner Sequenzen des Schülerheftes in Eigenregie der Schüler ist ebenso möglich.

Die Vielzahl der Schreibanlässe im Schülerheft lässt sich in den Unterrichtsstunden allein nicht bewältigen. Deshalb bieten sich Hausaufgaben oder auch die Arbeitsteilung mit einem Partner oder in Gruppen an. Dennoch sollten alle Jugendlichen im Verlauf der Erarbeitung viele der Schreibanlässe lösen können. Die drei zentralen Schreibaufgaben auf S. 44–46 können sowohl zum gemeinsamen Erarbeiten und Besprechen, zum Üben und Anwenden des Wissens und der Arbeitstechniken wie auch als Aufgabe in einer Klassenarbeit verwendet werden. Es ist zu empfehlen, dass mindestens eine Aufgabe von jedem Schüler erarbeitet wird.

ERARBEITUNGSPHASE 1 – DIE EXPOSITION

„ZWEIER OHNE"

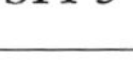

SH 3

In der Einführungsstunde wird eine Erwartungshaltung vor dem Lesen erzeugt. Hierfür wird das AB „Zweier ohne" genutzt. Ausgangspunkt sind Begriffe, Layout und Gestaltung der Buchcover, ohne auch nur ein Wort gelesen zu haben.

Der Austausch im Team über die Leseerwartungen in Anlehnung an den Titel der Novelle dient vornehmlich der Einstimmung und Motivation. In einem anschließenden Unterrichtsgespräch können die Ideen festgehalten und sortiert werden.

Bild oben:

- Ruderboot „Zweier ohne"
- Ähnlichkeit der beiden „Insassen" wird deutlich (Statur, Kleidung, Frisur)
- sind auf sich allein gestellt
- sehr schmales Bot, man muss das Gleichgewicht halten und somit im Einklang „ticken"

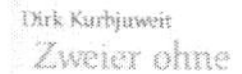

Bild unten links:

- zwei Kinder beugen sich über eine Mauer, möglicherweise schauen sie in einen Abgrund (Brücke, Berg etc.)
- drückt Neugier aus
- heller Hintergrund – gute Stimmung, fröhliche Kindheit
- könnten Freunde sein, gleichaltrig
- Titel mit geraden Buchstaben, in einer Zeile nebeneinander, beide Begriffe gleichwertig

Bild unten rechts:

- zwei Jugendliche (etwa gleichaltrig) auf einem Zaun
- scheinen sich im „luftleeren Raum" zu befinden, es ist keine Umgebung erkenntlich
- Hintergrund – kann Nebel, Unsicherheit, Unklarheit bedeuten
- scheinbar trübes Wetter; Stimmungslage der beiden?
- Blicke sind einander zugewandt, aber dennoch scheint eine Distanz zwischen den beiden zu herrschen
- gebeugte Sitzhaltung drückt Niedergeschlagenheit, Resignation, Unwohlsein aus
- Zaun als Symbol für eine Grenze, für eine Entscheidung, die getroffen werden muss
- Titel mit geraden Buchstaben, in zwei Zeilen untereinander, „ohne" steht rechts außen – als eine Art Nachtrag

Klappentext:

Der Klappentext gibt vor	Der Klappentext verbirgt
• Johann und Ludwig • Pubertät • gehen gemeinsam durch diese Zeit mit ihren Schwierigkeiten • anrührend – Hinweis auf Gefühle • zwei journalistische Zitate: Hinweise auf Pubertät und Kurbjuweits Schreibstil	• Beziehungen zwischen den Figuren • Welche „Untiefen"? • Meistern sie die Untiefen? • Wie/wann macht Glück traurig?

Im Endeffekt entsteht bei den Schülern wohl die Erwartung, dass sie eine Geschichte über zwei Jungen in der Pubertät lesen, die ein ziemlich enges Verhältnis im Sport und auch im Privatleben haben. Im Vordergrund steht diese Zweisamkeit, die unter Umständen auch Schwierigkeiten bringen kann.

Gemeinsame Erarbeitung von Kapitel 1 im Unterricht

SH 4

„IN DER NACHT, ALS DAS MÄDCHEN VOM HIMMEL FIEL"

Die Einführung in die Novelle erfolgt im Klassenverband. Dazu wird das erste Kapitel gemeinsam gelesen und erschlossen.
Ziele dieser gemeinsamen Einführung sind:

- Kennenlernen der Hauptfiguren und ihres Verhältnisses zueinander
- Themenidentifizierung für die weitere Lektüre
- Spurenlegen für die weitere Handlung – Antizipation durch die Schüler

Ausschlaggebend hierfür ist die „unerhörte Begebenheit", das typische Merkmal einer Novelle, nämlich dass ein Mädchen vom Himmel fällt.

Vorschlag: Lesen Sie die erste Seite der Novelle vor.

Die Verbindung des ersten und der beiden letzten Sätze der ersten Seite des Buches (S. 9) wird durch dadurch deutlicher wahrgenommen und stellt sich den Schülern wie folgt dar:

- Dass das Mädchen vom Himmel fiel, ist von ausschlaggebender Bedeutung (der eigentliche Grund).
- Verbunden mit diesem Ereignis ist die Besiegelung der Freundschaft zwischen Ludwig und Johann.
- Wäre das Mädchen nicht vom Himmel gefallen, wären sie wahrscheinlich keine Freunde geworden.
- Dieses Ereignis räumt Zweifel bei Johann aus, also hat das Ereignis bei Johann etwas ausgelöst, was ihm Sicherheit bezüglich der Freundschaft zu Ludwig gibt.

Daher ist zunächst dieser Vorfall zu untersuchen:

Johann	Ludwig
• ihm war etwas übel • zu schwerfällig zum Schleichen • überlegt, wie die Frau von der Brücke gefallen war • zögert, sich zu bewegen, will Ludwigs Vater rufen • vergleicht die Frau mit einer Kasper-Puppe – erträgt ihren verdrehten Anblick nicht • ängstlich • fasziniert von Ludwigs Umgang mit der Toten	• sofort hellwach nach dem dumpfen Geräusch • geht suchend voraus • weiß sofort, dass sie gesprungen ist • geht auf die Leiche zu • ist aufgeregt, fast euphorisch • schließt ihre Augenlider • lässt sich vom Tod nicht verunsichern • Tod ist für ihn etwas Selbstverständliches

Das erste Kapitel lesen die Schüler zur nächsten Stunde zu Hause zu Ende. Dann werden im Unterricht Schwerpunkte aufgegriffen, die zur Inhaltssicherung von Kapitel 1 sowie zur Identifizierung von gelegten Handlungs- und Konfliktstrukturen notwendig sind.

SH 5

DIE ERSTE BEGEGNUNG ZWISCHEN JOHANN UND LUDWIG

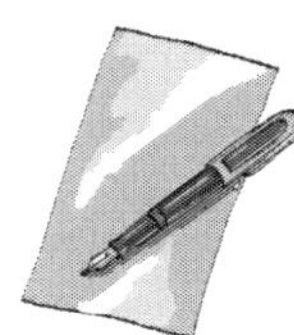

Schreibaufgaben sollen die Schüler von Beginn der Lektüre an als Möglichkeit begreifen, sich die Gedanken und Gefühle der Figuren zu erschließen. Wichtig ist dabei, sich zunächst eine Stoffsammlung zu erarbeiten. Dabei ist die Variante einer Mindmap oder die gezielte Info-Suche nach Schwerpunkten/ Fragestellungen auch auf andere Schreibaufgaben anwendbar und sollte zur Methodenkompetenz der Schüler gehören.

Stoffsammlung:

	Johann	Ludwig
Unsere erste Begegnung	• Sommer, Regen • Rektor bringt Ludwig in die Klasse. • Rektor verspottet Ludwig indirekt. • Ludwig lacht und begrüßt die Mitschüler mit „Hallo, kleine Geister" – eine Anspielung auf die Worte des Rektors. • Ludwig stand schief, weil der Rektor seine Hand auf seiner Schulter abstützte. • Ludwig tropfte vom Regen, sodass die Schuhe des Rektors nass wurden. • Der Rektor verließ wortlos und wütend die Klasse.	
Welche Gedanken gingen mir durch den Kopf?	• Wieder einer, der es auf dem Gymnasium nicht geschafft hat. • Das werden wir ihn spüren lassen, wie bei allen anderen vor ihm auch. • Ich war unkonzentriert, der Regen interessierte mich mehr als der Unterricht. • Wo wird er sich wohl hinsetzen? • Ob der Rektor noch einmal wiederkommt? Das lässt er bestimmt nicht auf sich sitzen. • Was wohl die anderen von Ludwig halten?	• Die scheinen alle Dampf vor dem Rektor zu haben. • Warum lässt er mich nicht wenigstens die nassen Sachen ausziehen? • Das ist ja ein toller Pädagoge, der mich gleich zu Beginn als Versager hinstellt.
Meine Gefühle	• Der Rektor flößt uns allen Angst ein, ich habe Angst vor ihm. • Hoffentlich hört Ludwig auf zu lachen, damit wir nicht alle bestraft werden.	• Die ducken ja echt vor dem Rektor, ich kann das Lachen einfach nicht unterdrücken. • Vielleicht bin ich ja ein Versager, aber dann sind es die hier auch.
Meine Gedanken zu Johann/ Ludwig	• Der steht nicht verlegen neben dem Rektor wie all die anderen, der ist echt mutig. • Der ist anders als die anderen. • Den scheint nicht zu interessieren, was der Rektor sagt. • Der ist so groß wie ich. • Seine blonden Haare sehen echt komisch aus, wie Kaninchenfell. • Könnte er mein Freund werden?	• Der ist aber sehr ruhig. • Der hebt kaum den Blick, scheint Angst zu haben. • Ob er mein Freund werden könnte?

Die Erarbeitung und Besprechung der Stoffsammlung erfolgt im Unterricht, das Verfassen des inneren Monologs können Sie als Hausaufgabe stellen. Es wäre günstig, dies zur nächsten Stunde vorliegen zu haben, allerdings sind dazu mindestens zwei Tage nötig.

Der Beginn einer „bedingungslosen" Freundschaft

SH 6

Es ist denkbar, dass sich Schüler an dem Begriff „bedingungslos" reiben. Wir empfehlen, an dieser Stelle nicht näher auf die Bedenken einzugehen, da während der Lesezeit im Unterricht das Thema Freundschaft explizit und intensiv aufgegriffen wird. Aber es ist wichtig, die Fragen der Schüler aufzugreifen und daher sinnvoll, diese Anmerkung auf einer Moderationskarte zu notieren und an die Pinnwand zu bringen.

Die Bearbeitung dieses Arbeitsblattes ist auf verschiedenen Wegen möglich:

- **Erarbeitung in Partnerarbeit:** Im Austausch über die Textstellen und die bereits verfasste Schreibaufgabe von S. 5 notieren sich die Schüler wesentliche Antworten auf die zentralen Fragen zum Beginn/zur Entstehung der Freundschaft zwischen Ludwig und Johann auf dem Arbeitsblatt.
- **Gemeinsame Erarbeitung im Plenum:** Hierbei werden die Textstellen zunächst den zentralen Fragen zugeordnet, die Schüler nummerieren/markieren entsprechend und formulieren daraus entsprechende Antworten auf dem Arbeitsblatt.

- **Stummes Schreibgespräch:** Auf A4-Papier werden die Textstellen notiert (Sie können diese ausdrucken/aufkleben). Die Blätter werden durch die Klasse gereicht oder die Schüler gehen in der Klasse herum und notieren ihre Deutung der Textstelle darunter. Anschließend wird das Blatt so gefaltet, dass der nächste Schüler nur noch die Textstelle sieht, aber nicht die Deutung seines Vorgängers (also im Ziehharmonika-Prinzip falten). Dadurch wird kein Schüler in seiner Deutung beeinflusst. Am Ende werden die Blätter aufgefaltet und ausgehängt, sodass sich jeder ein Bild von den Gedanken der anderen machen kann. Anschließend füllt jeder Schüler sein Arbeitsblatt aus.

Textstellen

- „Ich war nicht sicher, ob Ludwig zu mir passt." (9/21–22)
- „Nur ein Freund konnte einem ununterbrochen das Gefühl geben, da zu sein." (15/2–4)
- „Damals brauchte ich dringend einen Freund." (14/5)
- „Es stand im Ruf, besonders viel zu fordern, und alle, die zu uns kamen, waren dort gescheitert." (11/25–27)
- „Ein Freund war alles in jener Zeit." (14/5–6)
- „Es war ein Test, und das wusste ich." (25/19)
- „Wir zählten auf, wer alles diese Prüfung nicht bestanden hätte, und am Ende blieben nur Ludwig und ich übrig." (28/11–13)
- „Ludwig grinste [...] Wir rührten uns nicht. Wir hörten den Regen und Ludwigs Lachen." (12/22–27
- „Ich wollte nicht irgendeinen Freund, ich wollte einen, mit dem ich endlos spielen konnte." (19/12–14)
- „Irgendwie war es mir bis dahin nicht gelungen, einen Freund zu finden." (15/6–7)
- „Der Sommer war unser Abschied von der Kindheit, und ich bin sehr froh, dass ich Ludwig rechtzeitig kennengelernt habe, [...]" (24/28–25/2)
- „Niemals zuvor hatte mich etwas so beeindruckt [...]" (34/18–19)
- „Ich hatte viele Telefonnummern [...] Ich hab aber dich angerufen." (27/23–25)

Wer war die treibende Kraft?

- „Es war ein Test, und das wusste ich." (25/19)
  Ludwig testet Johann, um zu sehen, wie weit er mit ihm gehen würde.
- „Ich hatte viele Telefonnummern [...] Ich hab aber dich angerufen." (27/23–25)
  Ludwig sucht sich Johann aus, weil er der Meinung ist, ihn problemlos an sich binden zu können – Johann ist auf seine Weise speziell wie er selbst auch.

Warum möchte Johann einen Freund haben?

- „Ich wollte nicht irgendeinen Freund, ich wollte einen, mit dem ich endlos spielen konnte." (19/12–14) Johann ist ein Einzelgänger und sucht einen Gleichgesinnten.
- „Irgendwie war es mir bis dahin nicht gelungen, einen Freund zu finden." (15/6–7)
  Johann scheint nicht die Initiative zu ergreifen, einen Freund zu finden, er wartet darauf, gefunden zu werden.
- „Der Sommer war unser Abschied von der Kindheit, und ich bin sehr froh, dass ich Ludwig rechtzeitig kennengelernt habe, [...]" (24/28–25/2)
  Der Anfang der Pubertät, die man zu zweit wohl besser durchsteht.
- „Ein Freund war alles in jener Zeit." (14/5–6)
  Alle anderen haben auch einen Freund und Johann möchte nicht außen vor stehen.
- „Damals brauchte ich dringend einen Freund." (14/5)
  Die Eltern treten in den Hintergrund, man möchte unter Gleichaltrigen sein, alles mit ihnen unternehmen und teilen.
- „Nur ein Freund konnte einem ununterbrochen das Gefühl geben, da zu sein." (15/2–4)
  Johann möchte sich über seinen Freund identifizieren, überhaupt wahrgenommen werden.

Was lässt die beiden zu Freunden werden?

- „Ich war nicht sicher, ob Ludwig zu mir passt." (9/21–22)
  Abwägen von Eigenschaften, die der Freund haben sollte.
- „Es stand im Ruf, besonders viel zu fordern, und alle, die zu uns kamen, waren dort gescheitert." (11/25–27)
- Scheitern verbindet, Johann ist bislang gescheitert, einen Freund zu finden.
  „Wir zählten auf, wer alles diese Prüfung nicht bestanden hätte, und am Ende blieben nur Ludwig und ich übrig." (28/11–13)
  Sie entdecken Gemeinsamkeiten.
- „Niemals zuvor hatte mich etwas so beeindruckt [...]" (34/18–19)
  Johann ist beeindruckt und sieht darin die Chance, dass Ludwig ihm seine Ängste nehmen könnte.
- „Ludwig grinste [...] Wir rührten uns nicht. Wir hörten den Regen und Ludwigs Lachen." (12/22–27)
  Ludwig ist anders, mutig und hat keine Angst, Johann ist fasziniert von seinem ersten Auftritt.

Hilfs-Ich: Partnerarbeit

Aufgabe: Es geht um den Beginn der Freundschaft zwischen Johann und Ludwig.
Einer übernimmt die Rolle von Johann, einer von Ludwig. Jeder überlegt, ob der jeweils andere ein Freund für ihn sein kann und nennt Punkte, die gegen die Freundschaft sprechen.
Ein anderer übernimmt die Rolle des Hilfs-Ichs, das Johann/Ludwig unterstützt, sich auf die Freundschaft einzulassen, indem es Punkte nennt, die für die Freundschaft sprechen.
In der Nachbesprechung sollten die entscheidenden Punkte für die Freundschaft herausgearbeitet werden. Die Reflexion bezieht sich auch auf die Darstellung der Figuren.

EIN SELTSAMER ORT, EIN SELTSAMER JUNGE

SH 7

Johanns Zweifel, ob Ludwig sein Freund sein könnte, rühren auch von seinem ersten Aufenthalt bei Ludwig. Viele Details fallen ihm bewusst oder unbewusst auf, die ihn Ludwigs Zuhause und Familie als sonderbar erscheinen lassen. Die Grafik hilft gemeinsam mit dem Text dabei, dass sich die Schüler selbst ein Bild davon und vor allem von Auffälligkeiten, Besonderheiten oder auch Merkwürdigem machen.

Dirk Kurbjuweit bezeichnet im Autorengespräch diesen Ort, das Haus, die Brücke, die Werkstatt mit der öligen Katze als „rätselhaft", der Einfluss auf Ludwigs Psyche hat.

- Soll Ludwig wirklich mein Freund sein? Ist er der Richtige?
- Diese Brücke thront wie ein Damoklesschwert über Ludwigs Haus.
- Diese ölige Katze geht mir nicht mehr aus dem Kopf.
- Ludwigs Vater war verlegen, als er mich sah. Warum?
- Fast alle halten sich in dieser Hütte auf. Das ist doch ein ungemütlicher Ort, gar nicht wie mein Zuhause.
- Ludwig ignoriert seine Schwester völlig. Die vertragen sich wohl nicht gut.
- Hier redet ja niemand miteinander.
- Dieser Lärm von der Brücke würde mich wahnsinnig machen.
- Was ist, wenn von der Brücke etwas herunterfällt? Da könnte ja jemand verletzt werden.
- Was ist eigentlich mit Ludwigs Mutter? Sieht er sie überhaupt einmal, wenn sie ständig Nachtschicht hat?
- Den Vater interessieren die Motorräder mehr als seine Kinder.
- Hier ist es echt unheimlich. Vielleicht sollte ich lieber gehen?
- Führen die überhaupt ein Familienleben?
- Unternehmen sie etwas gemeinsam?
- Diese unheimliche Stille hier, wenn kein Auto über die Brücke fährt.
- Wenn ich mir vorstelle, dass die Brücke lebt, dass einer da drin ist!
- Das ist ja ein uraltes Haus, wer weiß, wie viele Tote hier schon drin waren!

Die Anlage der Erzählperspektive impliziert, dass der Leser kaum Ansätze für die Gedanken und Gefühle von Ludwig im Text finden kann. Daher müssen die Schüler mit viel Fantasie und Vorstellungsvermögen in die Figur Ludwig blicken. Damit es mit der Fantasie der Schüler nicht ausufert, sei hier der Tipp gegeben, immer anhand der Geschehnisse im Text bzw. der Aussagen von Johann nachvollziehbare Schlussfolgerungen für Ludwigs Gedanken zu ziehen.
Diese Schreibaufgabe kann zunächst gemeinsam aufbereitet und anschließend von den Schülern im Schreiben realisiert werden. Die Schüler werden, je nachdem, wie ihr momentanes Bild von Ludwig ist, völlig unterschiedliche Reaktionen Ludwigs darstellen.

Mögliche Ausgangspunkte für die Stoffsammlung könnten ausgehend von der Schreibaufgabe sein:

Stell dir vor, Johann wäre in dieser Nacht tatsächlich gegangen. Wie hätte Ludwig am nächsten Morgen wohl reagiert, was ginge in ihm vor? Er könnte seiner Mutter, die Johann ja nicht kennengelernt hat, von ihm und dem gestrigen Tag erzählen.
Schreibe Ludwigs Ausführungen für seine Mutter auf.

Ludwigs Reaktion:

- von Enttäuschung bis Gleichgültigkeit, von Zweifel bis Verdrängung ist alles möglich
- nochmaliges Gespräch mit Johann suchen
- Johann künftig mit Nichtbeachtung strafen
- schlechte Laune, die sein Vater und seine Schwester abbekommen
- schüttet der Mutter sein Herz aus, darüber, dass er Johann gerne als Freund gehabt hätte; holt sich Rat bei ihr

Was ginge in ihm vor?

- Suche nach Gründen, warum er gegangen sein könnte
- gibt Vater und Vera die Schuld dafür
- überlegt, dass Johann dann doch nicht der richtige Freund gewesen ist
- denkt nach, ob er etwas hätte ändern können, wenn er nicht eingeschlafen wäre
- findet, dass Johann ihm fehlt und überlegt, wie er sich ihm wieder nähern könnte
- überlegt, was er falsch gemacht haben könnte
- weist jegliche Schuld von sich und redet sich ein, dass er gut auf Johann verzichten kann
- Was könnte er von Johann und dem gestrigen Tag erzählen?

Das hängt davon ab, für welche Haltung Ludwigs sich die Schüler entschieden haben:

Ludwig bedauert, dass Johann gegangen ist	Ludwig gibt Johann die Schuld am Scheitern
• Ich habe mich gefreut, als er meine Telefonnummer wollte. • Er war der Einzige, der mir in der Schule nicht ständig auf die Pelle rückte. • Ich habe ihn angerufen, weil er etwas Besonderes ist, nicht wie die anderen, und ich bin auch nicht wie die anderen. • Er hat meine Faszination für die Lkw auf der Brücke geteilt. • Ich dachte, er fände es cool, mit mir allein auf der Brücke. • Er hat mich nicht ausgelacht wegen meiner Haare, ich konnte mit ihm ganz vernünftig reden und er war ehrlich zu mir.	• So ein Angsthase! • Er hätte sich wenigstens verabschieden können. • Er hat wohl „Schiss" auf der Brücke gehabt. • Er ist mir nicht gewachsen. • So einen Freund brauche ich nicht, der nicht so mutig ist wie ich. • Er versteht wahrscheinlich auch nichts von Motorrädern. • Soll er doch wieder alleine in der Schule rumhängen, die anderen wollen doch auch nichts mit ihm zu tun haben, sonst würde er nicht immer abseits stehen. • Mich mögen die anderen und ich werde schnell einen anderen Freund finden.

DIE EXPOSITION: WER? WO? WAS? WANN?

SH 8

Es ist wichtig, dass die Schüler ihre Ideen und Anmerkungen einbringen. Daher finden sie sowohl nach der Erschließung von Kapitel 1 (SH S. 8) als auch nach der Erstlektüre (SH S. 16) Platz für eigene Fragen und Eindrücke. Sammeln, sortieren und besprechen Sie diese Fragen dann an den entsprechenden Stellen. Optisch sichtbar an einer Pinnwand können Sie einen zeitlichen Fahrplan abstecken, sodass die Schüler sicher sein können, dass ihr Textverständnis im Mittelpunkt steht.

Bei sehr interessanten oder auch unerwarteten Aussagen bietet sich eine schriftliche Äußerung der Schüler an. Ob diese als eigener Beitrag oder als innerer Monolog einer bestimmten Figur formuliert wird, können Sie freistellen. Bemerken Sie eine Häufung von Fragen, können Sie auch für diese Problematik eine Expertengruppe bilden, die ihr Untersuchungsergebnis an entsprechender Stelle vorstellt:
Denkbar hierfür wäre die Bedeutung der öligen Katze, die den Schülern sich vielleicht nicht leicht erschließen wird.

- Johann, Ludwig und Vera als Kinder (10 und 11 Jahre)
- Die entstandenen Plakate können als Konstellation gelegt / aufgehängt werden.

Mögliche Eindrücke, die im Standbild festgehalten werden könnten:
- Erste Begegnung zwischen Johann und Ludwig in der Schule
- Ludwigs Familie
- Ludwig und Johann auf der Brücke
- Beziehung zwischen Ludwig und Johann

Am Ende des ersten Kapitels entsteht ein erstes Bild von den Figuren. Mithilfe der angebotenen Mittel wird dieses veranschaulicht. Ergänzend hierzu stellen wir auf der folgenden Seite ein Strukturbild zur Verfügung:

STRUKTURBILD ZU DEN FIGUREN AM ENDE DES ERSTEN KAPITELS

Ludwig

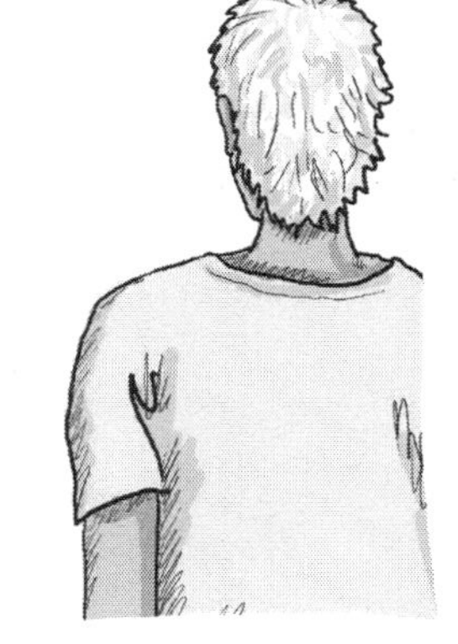

- selbstsicher
- lässt sich nicht vom Rektor verunsichern
- schert sich nicht darum, vom Gymnasium gegangen zu sein
- mutig, draufgängerisch
- selbstständig
- wird sofort zum Mittelpunkt der Klasse
- lacht viel
- hat viele Telefonnummern in seiner Telefonliste
- wählt sich Johann als Freund, ruft ihn an und lädt ihn auch gleich zu sich ein
- sieht sich selbst als „Albino"
- ist erleichtert, als Ludwig ihn nicht so sieht

„Ich hatte viele Telefonnummern [...] Ich hab aber dich angerufen." (27/23–25)

- ignoriert seine Schwester Vera
- steht mit ihr im Konkurrenzkampf (Pfannkuchenwettessen)

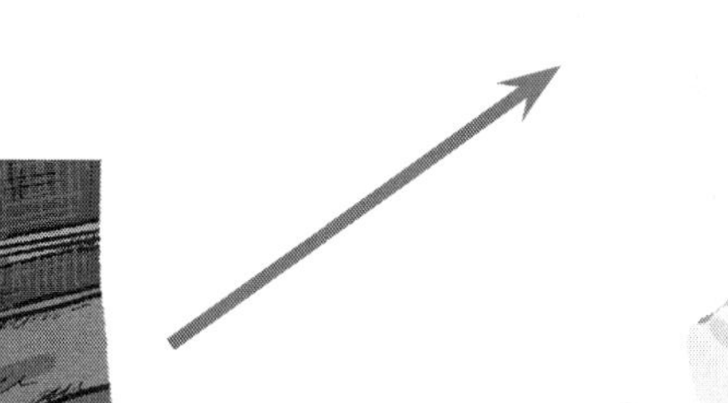

- Ludwig testet Johann auf der Brücke und wählt ihn dann als Freund
- Johann zögert und wählt Ludwig dann, weil dieser so furchtlos ist

Johann

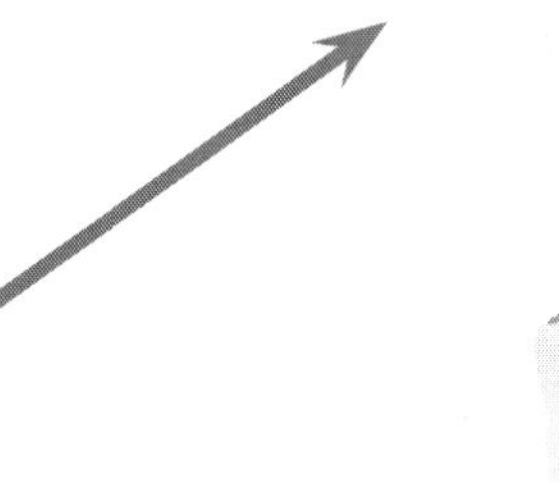

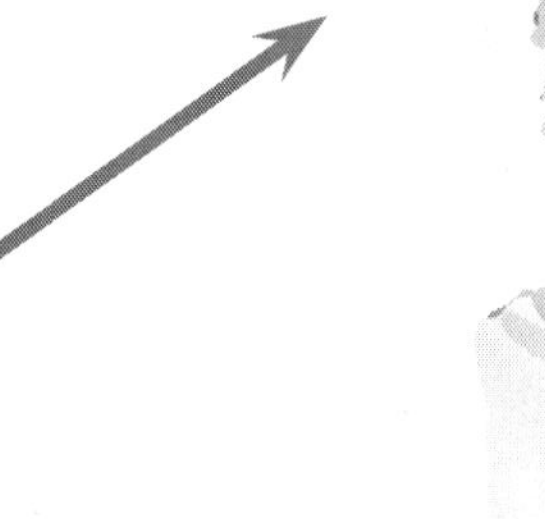

- schüchtern, zurückhaltend
- Einzelgänger
- Einzelkind
- ängstlich (hat Angst vor dem Rektor, vor der Dunkelheit, auf der Brücke, größte Angst: Tod der Eltern)
- unsicher (weiß nicht, worüber er sich identifizieren soll)
- hat keinen Freund, sehnt sich aber danach
- wird von anderen nicht angerufen
- hält sich abseits
- will, dass ihn jemand als Freund aussucht

„Damals brauchte ich dringend einen Freund. Ein Freund war alles in jener Zeit." (14/5–6)

- folgt von Anfang an Ludwigs Ansagen
- ist beeindruckt / fasziniert von Ludwigs selbstverständlichem Umgang mit dem Tod
- sieht in Ludwig das Ende seiner Ängste

- nimmt Vera kaum wahr – erst beim Essen
- macht sich ein wenig Gedanken über Veras Beweggründe beim Wettessen

Vera

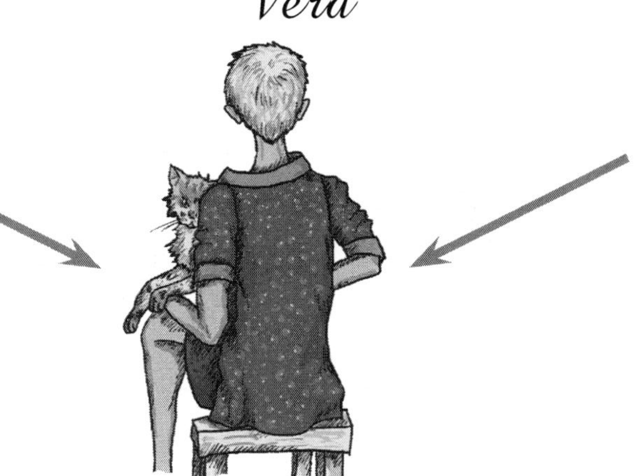

- will wahrgenommen werden

ERARBEITUNGSPHASE 2 – HÄUSLICHE LEKTÜRE, INHALTSSICHERUNG, UNTERRICHT

Im Zeitraum von circa zwei Wochen lesen die Schüler die Novelle in häuslicher Lektüre zu Ende. Hierbei sollen sie die Schülerheftseiten zur Inhaltssicherung (SH S. 9–15) weitestgehend selbstständig bearbeiten. Die Figurenseiten zu Johann und Ludwig (SH S. 22/23) können bei der Erstlektüre ebenfalls mit ersten Informationen gefüllt werden.

Während der Lektüre auftauchende Fragen bzw. Anmerkungen können auf einem Plakat festgehalten werden. Je nach Themenlage wird auf diese bereits während der Lektürephase oder aber auch zu gegebener Zeit in der anschließenden unterrichtlichen Erschließung eingegangen. Eine gezielte Arbeit mit den Leseeindrücken der Schüler findet im Anschluss an die häusliche Lektüre mithilfe der Seite 16 („Ich frage mich, ...“) im Schülerheft statt. Der Hinweis auf diese Seite kann den Schülern aber auch bereits mit dem Leseauftrag für zu Hause gegeben werden, sodass diese Seite schon genutzt werden kann.

Während der häuslichen Lektüre liegt der Unterrichtsschwerpunkt auf dem Thema Freundschaft aus Sicht der Jugendlichen sowie auf der Erzählweise der Novelle. Zusätzlich besteht hier die Möglichkeit, an theaterpädagogischen Verfahren oder auch an der Standbildmodellage zu arbeiten.

INHALTSSICHERUNG

Die hier angebotenen Lösungsvorschläge halten Sie als Kopie im Unterricht bereit. So können die Schüler entweder sukzessive nach ihrem Lesefortschritt oder auch nach der Lektüre in einer ersten Zusammenfassungsstunde ihre Ergebnisse vergleichen bzw. ergänzen. Effizient hierbei ist die Methode, jeweils eine Gruppe für ein Kapitel zusammenzustellen, die sich austauscht und Streitpunkte/unterschiedliche Lösungen dann zur Diskussion stellt.

SH 9

Lösungen zur Inhaltssicherung

Kapitel 2

1. Beim Rudersport kommen Johann und Ludwig folgende Eigenschaften zugute:
   - sind gleich stark/kräftig
   - sind gleich groß
   - sind gleich schwer
   - sind technisch gleich begabt
   - sind Freunde
   - denken gleich

2. ☒ Ludwig möchte, dass sie wie Zwillinge werden, weil sie von Zwillingen im Rudern geschlagen wurden.
3. Die Stellungnahme zum „Gleichsein“ sollte zum einen Verständnis für Ludwig ausdrücken, da es die einzige Möglichkeit für ihn scheint, sich gegen die Zwillinge zu behaupten.
   Andererseits müssen aber auch Bedenken dahingehend geäußert werden, dass eine solche totale Gleichheit aus verschiedensten Gründen nicht funktionieren kann, z. B. unterschiedliche Interessen, unterschiedliche Beeinflussung durch das Umfeld, unterschiedlicher Charakter und Einstellungen.
   Als Fazit müsste entstehen, dass hierbei einer wesentlich mehr Kompromisse eingehen müsste und somit seine Persönlichkeitsentwicklung einschränken bzw. sich unterordnen würde.
4. Als „Zwillinge“ zu erkennen an:
   ☒ Sie möchten wichtige Erfahrungen gemeinsam machen.
   ☒ Sie verbringen fast jede wache Minute miteinander.
   Diese Übereinstimmungen können Schüler durchaus dahingehend deuten, dass die beiden nicht wirklich Zwillinge sind.
5. Johanns Problem ist, dass er sich gerne einem Mädchen nähern würde, ja sogar Sehnsucht danach empfindet, Ludwig dieses Thema aber scheinbar überhaupt nicht interessiert. Außerdem hatten sie beschlossen, „Zwillinge“ zu sein, alles gemeinsam zu erleben. Deshalb konnte er sich keinem Mädchen nähern, ohne sie nicht mit Ludwig zu teilen. Das schien Johann aber nicht richtig. Daher willigt er auch

SH 10

in Ludwigs Vorhaben ein, dass beide mit Josefine schlafen, obwohl sich Johann sein erstes Mal ganz anders vorgestellt hatte.

6. *a) Ludwig „engagiert" Josefine, damit Johann sich kein eigenes Mädchen sucht.*
   Johanns Anspielungen auf Mädchen haben Ludwig wahrscheinlich die Angst eingeflößt, dass Johann vor ihm oder ohne ihn seine erste sexuelle Erfahrung machen würde. Da er weiß, dass Johann sein „Zwillingsgelübde" ernst nimmt, kommt er ihm zuvor und arrangiert den Sex mit Josefine. So kann sich Ludwig sicher sein, dass beide die gleiche Erfahrung machen werden. Natürlich hat er nicht einkalkuliert, dass Johann mit ganz anderen Gefühlen und Erwartungen herangeht.

   b) Ludwig genießt das „erste Mal" genauso wie Johann.
   Wir erfahren nichts über Ludwig, auch nicht, ob er überhaupt mit Josefine geschlafen hat. Er verlässt kurz angebunden das Haus.

   c) Johann ist der Einfühlsamere von beiden.
   Johann macht sich Gedanken über seine erste Begegnung mit Josefine. Er kennt sie aus der Schule, hat sie bereits einmal im Schwimmbad gesehen. Johann erkundet Josefine körperlich erotisch und erregt. Nach dem Sex liegt er noch lange bei ihr, während Ludwig zuvor ernst und ziemlich zügig die Treppe heruntergekommen war. Auch danach nimmt Josefine Johanns Gedanken ein.

7. „Ich versuchte, meine Sehnsucht zu bezwingen, und für eine Weile gelang mir das recht gut." (53/2–4)
   Diese Aussage Johanns deutet an, dass ...
   ☒ er Ludwigs und des Trainings willen den Kontakt zu Josefine aufgibt.
   ☒ er neben der Freundschaft zu Ludwig eine Sehnsucht nach einer Freundin spürt.
   Alle Antworten könnten in Erwägung gezogen werden. Sie vermitteln, dass Johann zwar den Versuch unternimmt, nicht mehr an Mädchen zu denken, es ihm aber über Kurz oder Lang nicht gelingen wird.

8. Die beiden sind keine gleichberechtigten Partner, denn einer (Ludwig) bestimmt und der andere (Johann) ordnet sich unter. Offensichtlich belastet dies Johann keineswegs.

Textstellen:

- „Aber natürlich nahm sie meine Gedanken ein, und wenn ich es recht bedenke, war Ludwigs Mahnung ein Zeichen, dass wir auf einem guten Weg waren. [...] Er hatte natürlich auch Recht." (51/22–27)
- „Eigentlich wollte ich mit einem Mädchen schlafen, das in mich verliebt ist und in das ich verliebt bin. Aber es war unmöglich, eins zu finden, das sich gleichzeitig in mich und in Ludwig verliebte [...]" (41/1–6)
- „Er hatte nicht gesagt, warum. So war es oft gewesen. Ich folgte seinem Wunsch immer, und es hat sich immer gelohnt." (36/7–9)

Kapitel 3

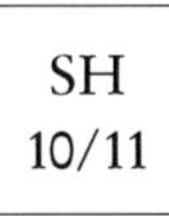

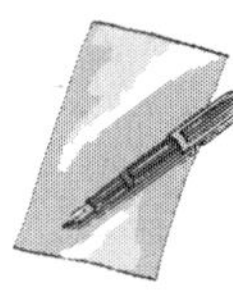

1. Johann freut sich → Johann kümmert sich um ihn, weil er neu und unsicher war → Marco sitzt in den Pausen mit bei Johann und Ludwig → Johann nimmt Marco mit zum Rudern ist manchmal mit bei Ludwig → Ludwig findet nach zwei, drei Wochen, dass Marco zu einfältig sei, um zu ihnen zu passen, Johann gibt Ludwig Recht → Johann sagt Marco, dass er sich andere Freunde suchen muss
2. Marcos Brief an Johann: *Marco schildert seine Sichtweise*
   - Ludwig ist der Dominierende
   - Johann setzt seine Interessen nicht durch
   - Ludwig geht keine Kompromisse ein, Johann aber schon
   - Ludwig isoliert Johann von den anderen
   - Johann gibt Ludwig immer Recht

   Marco teilt Johann seine Meinung mit:
   - Marco hat Bedenken, dass sich Johann selbst verliert
   - Marco fordert Johann vielleicht auf, Situationen/Entscheidungen einmal genau unter die Lupe zu nehmen, um die Abhängigkeit zu erkennen, in der ihn Marco bereits sieht
   - Er möchte weiterhin mit ihm etwas unternehmen und erleben.

3. Vordergründig steht hinter dieser Aussage ☒ der Wunsch nach Beachtung durch die Eltern. Begründet werden kann das mit den Familienverhältnissen der beiden:
   - Ludwig führt eigentlich kein Familienleben, er lebt für sich und hat ein sehr angespanntes Verhältnis zu seinem Vater; die Mutter ist kaum da.
   - Johanns Eltern leben getrennt; die Mutter klammert sich an Johann, der Vater ist nicht da, wenn er ihn braucht.

4. Es sind zwei Deutungen möglich:
   a) Johann stellt sich absichtlich schützend vor Ludwig und nimmt die Strafe für ihn in Kauf:
   - „Zwillingsgelübde"
   - als Beweis der Treue
   - schützt Ludwig, weil er glaubt, mit der Strafe besser umgehen zu können als er
   - möchte einen eventuellen Wutausbruch Ludwigs verhindern

   b) Ludwig hat Johann absichtlich an den Lenker geschoben:
   - testet Ludwigs „Zwillingsgelübde"
   - Feigheit / Angst vor dem Vater

5. Mit dem Sex mit Vera erfüllt Johann seine Sehnsucht, die er zwangsläufig Ludwig zuliebe nicht ewig unterdrücken kann.
   ☒ diesmal hat er sich das Mädchen selbst ausgesucht
   ☒ die Gefühle zum Mädchen sind anders

Kapitel 4

1./2. ☒ das Zusammenschrauben des ersten eigenen Motorrads der beiden gibt der Freundschaft noch einmal eine neue Qualität, denn diese Arbeit ist sehr zeitintensiv. Ist es auch ein geschickter Schachzug von Ludwig, um Johann ständig in seiner Nähe zu haben? Er schweißt ihn an sich und bringt ihn sogar dazu, seine Mutter zurückzustellen. Ludwig ist sehr besitzergreifend.

☒ das Projekt „Turm in Asien" ist eine Folgeerscheinung der Werkstattaufenthalte. Sie entwickeln die Vorstellung einer eigenen Zukunft und diesmal arbeiten beide an der Ausgestaltung der Fantasie zunächst mit.

SH 11/12

3. Ludwigs Veränderungen:
   - seine Laune wird schlechter
   - arbeitet missmutig am Motorrad
   - ist ungewohnt schweigsam, verfällt oft ins Grübeln
   - wird sehr anhänglich.
   - gerät außer Kontrolle (schlägt Vera)
   - prügelt sich auch mit Johann
   - zwischen Ludwig und Johann wurde es stiller
   - nur noch Johann redet und schraubt
   - Ludwig „zerstört" ihren Traum vom asiatischen Turm

4. Bereits vor der Erwähnung des Hungerns zählt Johann Veränderungen Ludwigs auf. Daher ist anzunehmen, dass die Veränderungen ihre Ursachen in der Beziehung zwischen Johann und Ludwig haben:
   - Eifersucht, Lügen, andere Ansichten, Ludwig weiß von der Beziehung Vera – Johann.

5. Überlegungen:
   - Welche Form passt zu wem? – z.B. Kreis für Ludwig: kommt nicht aus sich raus, redet nicht, man kommt nicht an ihn ran, ist abgeschirmt ...

   Die Passage (S. 83ff), in der Johann sich bereits heimlich mit Vera trifft und Ludwig seiner Meinung nach noch nichts davon ahnt, eignet sich auch gut zum Erstellen eines Standbildes oder der Entwicklung von Figurenplakaten. Diese zeigen, was die drei Personen wissen, was sie wollen, was sie verbergen usw.

6. Johann redet sich die Sache wieder einmal schön. Es muss hier bereits darauf eingegangen werden, warum Ludwig so ausrastet:
   - Ludwig vermutet etwas zwischen Johann und Vera und will sie dafür büßen lassen
   - Das Motorrad gehört Johann und ihm!
   - Vera drängt sich in die Zweiergemeinschaft

SH 13

7. Ludwigs Auslöser für seinen Stimmungswechsel, als er den Selbstmörder findet:
   ☒ Ludwig kann jetzt ein Geheimnis mit Johann teilen, das sie verbindet.
   ☒ der Tod fasziniert Ludwig
8. Gründe für die gefährliche Situation auf der Brücke:
   ☒ er will Johann Angst machen – schlechtes Gewissen einreden und ihn dadurch an sich binden
   ☒ er will Johann sein Vertrauen beweisen – lässt ihn nicht los; Anspielung auf Johanns Verrat mit Vera; will sich als einzige Bezugsperson bei Johann etablieren.
   ☒ er will Johann erpressen – indirekt schon, denn Johann fühlt sich nun gezwungen, Ludwig immer und uneingeschränkt beizustehen
9. Ludwig und Johann verlieren die Ruder-Landesmeisterschaft gegen die Potsdamer Zwillinge.

	Johann	Ludwig
Reaktion	• nimmt Ludwig in den Arm • hat das Gefühl, dass sich Ludwig richtig festhält • lässt Ludwig alleine nach Hause gehen • isst zwei Currywürste und trinkt Bier • ist noch mit seinem Vater und dessen Frau zusammen	• umarmt Johann • redet nicht • duscht im Sitzen – teilnahmslos • geht alleine nach Hause

10. Hinweise auf die baldige „Trennung" von Ludwig und Johann:
    1. „Ich würde sagen, es war eine richtig große Umarmung, so wie man sie in den Filmen sieht, wenn einer auf ein Dampfschiff steigt und ein anderer bleibt zurück." (118/12–15)
    2. „Es war die schlimmste Vorstellung, die ich mir jemals gemacht habe, ich gehe durch den Garten, und ein Mensch schlägt neben mir auf, und das ist Ludwig." (120/8–11)
    3. „Natürlich will niemand, dass ein Mensch seinetwegen Selbstmord begeht, andererseits gibt es keinen größeren Beweis der Liebe, denn auch unglückliche Liebe bleibt Liebe und ist oft die größere Liebe als die glückliche." (121/7–12)
    4. „[...] schade, dass ich nicht mehr mit Ludwig darüber reden kann." (121/15–16)

SH 13/14

Kapitel 5

1. *a) für seine Mutter?*
   ☒ Es verletzt sie, da sie befürchtet, bald könne auch ihr Sohn sie verlassen.

   b) für seine Beziehung zu Vera?
   ☒ Er will eine richtige Beziehung zu ihr.
   ☒ Er will die Beziehung weiterhin vor Ludwig geheimhalten.
   ☒ Er will im Winter im Warmen mit ihr sein.

2. Unfallhergang:
   - Obwohl Johann Ludwig geholfen hatte, den Helm zu schließen, verlor er ihn beim Unfall.
   - Sie sind durch die Kurven geschwankt.
   - Ludwig entschied an den Abzweigungen spontan, wohin sie fahren.
   - Johann möchte von Vera erzählen, tut es aber nicht.
   - Die Straße ohne Mittelstreifen schlängelt sich einen Hügel hinab auf ein Kreuzung zu. Drei Bäume stehen in Kreuzungsnähe.
   - Ludwig hat einem Laster ungebremst die Vorfahrt genommen.
   - Vielleicht war er abgelenkt von einem Heißluftballon.
3. Die Vervollständigung der Sätze lässt natürlich unterschiedliche Akzentuierungen durch die Schüler zu. Sie sollte sich aber auf folgende Punkte konzentrieren:

Johann hat noch immer nicht begriffen,
dass seine Beziehung mit Ludwig von diesem vereinnahmt wurde, dass ihm zu wenig Freiheit blieb, dass Ludwig eifersüchtig auf Vera und seine Beziehung zu ihr war ...
Er hat seine Persönlichkeit zu wenig entwickelt, noch nach Jahren gelingt ihm keine distanzierte, selbstkritische Besinnung.

Sein Verhalten zu Frauen
Beziehungen zu Frauen scheitern nach wenigen Wochen.
Tut sich schwer mit Beziehungen, weiß nicht warum.
Vielleicht stört diese seine Behinderung?

Sein Verhältnis zu Ludwig war vor dem „Unfall"
Über die Niederlage und ihre Gefühle haben sie sich nicht ausgesprochen.
Er hat nicht erkannt, weshalb Ludwig immer verzweifelter und aggressiver wurde und Fressattacken bekam. Er spürte, dass Ludwig gefährdet war (Sprung von der Brücke?)
Er spürte, dass seine Beziehung mit Vera Ludwig störte, dass er jedoch neben Ludwig (!) auch diese Partnerschaft wollte.

Nach Ludwigs Tod
besucht die Unfallstelle oft, seine Trauer hat nicht „nachgelassen" – verarbeitet hat er den Tod nicht: Warum es zum Unfall kam, ob es vielleicht doch Absicht/Verzweiflung Ludwigs war?
Dass er sich von Ludwig „lösen" muss, um eine Partnerschaft aufbauen zu können ...
Trauer ist für ihn eine „Form von Gesellschaft" (!) Er hängt in Gedanken Ludwig nach – hat sich nicht lösen können.

Aus Johanns Plänen für die Zukunft
ist wenig geworden, arbeitet in Kaufhaus in der Lebensmittelabteilung (schmutziger Kittel); statt Traumbüro und Erfolgen ... Abitur? Studium?

4. *a) Johann wollte auf den „richtigen Moment" warten.*
   Die Frage ist nur, welcher dieser sein sollte: Welche Bedingungen müssten erfüllt sein, damit er mit Ludwig über Vera redet? Er möchte Ludwig nicht verletzen, unterschätzt aber, dass er es bereits mit seinem Verhalten getan hat. Je länger Johann wartet, desto verfahrener wird die Situation, desto mehr reimt sich Ludwig selbst zusammen und desto enttäuschter wird er von Johann sein. Johann sucht lediglich eine Ausrede, er drückt sich vor der Konfrontation mit Ludwig, mit dem er angeblich über alles reden konnte.
   Auch die anderen Antworten können bei nachvollziehbarer Begründung zugelassen werden. Schließlich wird sich alles darum drehen, dass Johann sich nicht traut, Ludwig einzuweihen, weil er entweder denkt, damit etwas kaputt zu machen oder Ludwig zu verletzen. Und beides tritt durch sein Schweigen und seine Unaufrichtigkeit ein.

Kapitel 6

SH 15

1. Auslöser für die Trennung von Johann und Vera war die Nachricht von einem Unfall, bei dem Johann Parallelen zu Ludwigs Unfall gesehen hat. Er erzählt Vera von Ludwigs seltsamer Äußerung, die Johann damals nicht für wichtig erschien: „[...] ist es nicht seltsam, dass ein Leben vom richtigen Umgang mit so einem blöden Griff abhängen kann?" (82/4–6)
   Vera hingegen erkennt sofort die weitreichende Bedeutung dieser Aussage und konfrontiert Johann mit der Vermutung, dass Ludwig Selbstmord begangen hat und Johann mit umbringen wollte. Johann weist diese Äußerungen von sich, weigert sich, auch nur darüber nachzudenken und empfindet Veras „Anschuldigungen" als unfair. Er verzeiht ihr ihre Verdächtigungen nicht, was wohl letztendlich zum Bruch geführt hat.
2. Die Auswahl von Adjektiven aus einer Liste soll die Schüler dazu ermutigen, genau nachzudenken, Bedeutungsfeinheiten und Unterschiede in Begriffen zu finden und diese anzuwenden.

Vera	Johann
Vera vermutet, dass Ludwig von ihrer Beziehung zu Johann wusste, dass er das Motorrad gebaut haben könnte, um sich und Johann im Tod zu vereinen und um sich an ihr zu rächen. Sie ahnt, dass sie eine Mitverantwortung trägt und möchte sich dieser stellen, indem sie die Wahrheit mit Johann diskutieren will.	Johann ignoriert jeglichen Zusammenhang zwischen seiner Beziehung zu Vera und dem Unfall. Er glaubt immer noch, dass es ein Unfall war und negiert jegliche Argumente, die für einen Selbstmord sprechen. Er weigert sich, sich mit seiner möglichen Mitverantwortung an Ludwigs Tod auseinanderzusetzen.
couragiert – ist bereit, sich eine Mitschuld einzugestehen und Verantwortung zu übernehmen; sucht das Gespräch mit Johann *direkt/ehrlich* – konfrontiert Johann mit ihren Vermutungen *nachdenklich* – wägt Ereignisse ab, um zum Schluss zu kommen, dass auch sie Mitschuld am Tod Ludwigs trägt *objektiv* – sie deutet die Vorzeichen von damals *selbstbewusst* – ist bereit, sich mit dem Selbstmord auseinanderzusetzen; sagt, dass ihre Meinung unabhängig von Johanns ist	*abweisend* – wenn jemand über Ludwig spricht *aggressiv* – (verbal), bei der Konfrontation mit Veras Vermutungen *defensiv* – scheut auch nur eine gedankliche Auseinandersetzung mit den Vorwürfen *feige* – will sich keine Mitschuld eingestehen *ignorant* – lässt keine Argumente gelten *naiv* – glaubt, Ludwigs Image schützen zu müssen und traut ihm nicht zu, den Motorradunfall geplant zu haben *kindisch, schwach, stur, passiv*

Hier ist besonders Wert darauf zu legen, dass sich die Eigenschaften nur auf ihr Handeln bezüglich Ludwigs Tod beziehen und nicht auf ihr gesamtes Verhalten im Laufe der Handlung.

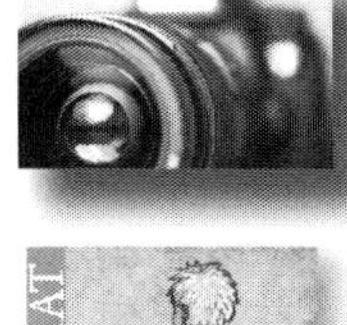

Auch diese Situation eignet sich für die Standbildgruppe. Besonders mit Mimik und Körperhaltung können hierbei die obigen Adjektive dargestellt bzw. verdeutlicht werden.

Die Gruppe der Figurenplakate erstellt hierzu je ein „Endplakat" von Vera und Johann, das deren Entwicklung nach Ludwigs Tod widerspiegelt. Diese werden den „Vorgängerplakaten" gegenübergestellt.

Kreuzverhör:

Zwei Schüler übernehmen die Rolle Johanns. Sie erhalten folgende Aufgabe:
Sammelt Argumente, die es verständlich und nachvollziehbar machen, dass Johann nicht glaubt, dass Ludwig sich selbst und ihn umbringen wollte. Notiert euch eure Ergebnisse stichwortartig. Berücksichtig die Informationen, die die Novelle gibt.

Die übrigen Schülerinnen und Schüler werden in Gruppen aufgeteilt, die jeweils folgende Aufgabe erhalten:
Formuliert Fragen, die ihr Johann in einem Kreuzverhör stellen wollt, um seine Handlung einer Prüfung zu unterziehen und ihn anzuregen, über seine Meinung/Einstellung noch einmal nachzudenken.

Die Aufgabe kann in Verbindung mit SH S. 21 aufgegriffen werden und somit als Ausgangspunkt für die vertiefende Erschließung im Unterricht dienen.

3. *Obwohl sich der Kontakt zu Johann verloren hatte, als Vera in die USA ging, ruft sie ihn an und sagt ihm, dass sie ihn besuchen wird. Wahrscheinlich ist das für dich auch etwas überraschend. Versetze dich in Veras Lage und stelle das Telefongespräch nach, indem wohl wieder einmal hauptsächlich sie spricht.*

   Diese Aufgabe kann man schriftlich erledigen. (ein Dialog)
   Veras Textanteile müssen wesentlich umfangreicher sein, als die Johanns. Johann ist der Reagierende, Vera die Agierende in diesem Gespräch.
   Aufbau:
   Einleitung/Aufhänger: z. B. Bild von uns dreien gesehen, Sehnsucht bekommen, Brief gefunden ...
   Gesprächsthema: z. B. Alltag in Amerika, Wetter, aktuelle Geschehnisse ...
   Besuchsankündigung: z. B. als Eigeneinladung, als Frage, ob ihm das recht wäre ...
   Verabredung: Termin, Ort
   Verabschiedung
   Ludwig dürfte in diesem Telefongespräch keine Rolle spielen, denn die Aufarbeitung der Geschehnisse nach vielen Jahren sollte nicht am Telefon erfolgen, sondern in einem persönlichen Gespräch.
   Es besteht auch die Möglichkeit, dieses Telefongespräch einzustudieren und vorzuführen.

Unterrichtliche Arbeit während der Lektürephase

Während dieser circa zwei Wochen werden keine zusätzlichen Aufgaben für die Schüler bezüglich der Lektüre gestellt. Allerdings sollte auf Fragen und Probleme, die die Schüler während des Lesens haben, eingegangen werden. Darunter verstehen wir z. B. Auffälligkeiten, die sich den Schülern beim Verständnis der Figuren aufdrängen.

Vorgehensweise:

- Lassen Sie gezielte Fragen oder Statements auf Kärtchen schreiben und im Zimmer aushängen/auslegen.
- Geben Sie den Schülern am Anfang jeder Stunde circa zehn Minuten Gelegenheit, sich auszutauschen. Dabei können sie sich selbst in Kleingruppen organisieren und diskutieren.
- Stellen Sie verschiedenfarbige Kärtchen zur Verfügung, z. B. rote und gelbe.
- Auf die roten Kärtchen werden Stichworte zu Problemen verfasst, die sich in den Kleingruppen nicht lösen konnten bzw. die nach wie vor kontrovers von den Schülern betrachtet werden – diese finden in der vertiefenden Erschließung ihren Platz.
- Auf die gelben Kärtchen dürfen Hinweise Empfehlungen/Ratschläge formuliert werden, die sich in der Diskussion herauskristallisieren. Diese können die Auswahl entscheidender Schlüsselszenen betreffen, aber auch entdeckte Leerstellen, die die Handlung entscheidend hätten beeinflussen können, wenn diese denn durch Gespräche zwischen den Figuren gefüllt worden wären.
- Diese gelben Kärtchen werden an

das Team  ,das Team 

und an das Team  weitergegeben.

ICH FRAGE MICH …

SH 16

Diese Seite ist zunächst eine persönliche Seite für die Schüler. Sie kann von den Jugendlichen im Anschluss an die Erstlektüre genutzt werden, um die im Klassenzimmer angebrachte Pinnwand mit Fragen zu bestücken bzw. auch mit den Erfahrungen der anderen abzugleichen.

Nachdem die Schüler das Werk zu Ende gelesen haben, bekommen sie in einer Unterrichtsstunde Gelegenheit, sich mit den Lösungen ihrer Inhaltssicherung auseinanderzusetzen, mit den anderen ins Gespräch zu kommen und die Fragen-Pinnwand zu ergänzen bzw. zu bearbeiten.

WAS BEDEUTET FREUNDSCHAFT?

SH 17

Die intensive Auseinandersetzung mit dem Thema Freundschaft bereitet die Untersuchung der Freundschaft zwischen Johann und Ludwig vor.
Ausgangspunkt ist zunächst die Lebenswelt der Schüler und Schülerinnen selbst; aus der eigenen Erfahrung der Jugendlichen heraus entsteht ein Bild von Assoziationen, die mit Freundschaften verbunden werden. Dabei ist nicht entscheidend zu unterscheiden nach Freundschaften unter Mädchen, Jungen, gemischten Freundschaften, gleichaltrigen oder auch Freundschaften mit Altersunterschieden. Es geht darum, die Bedingungen für Freundschaften, Prioritäten und natürlich Voraussetzungen zusammenzutragen und zu erläutern.

Diese Begriffserklärung entsteht in sechs Schritten:

1. Assoziationen zum Thema Freundschaft
2. Individuelle Bedeutsamkeit von Freundschaft
3. Assoziationen zu einer Welt ohne Freundschaften
4. Freundschaft in Vergangenheit und Gegenwart
5. „No-Gos“ einer Freundschaft
6. Schreiben/Gestalten zum Thema Freundschaft

Methode „ABC-Darium":
Es empfiehlt sich, ein ABC-Darium großräumig im Klassenzimmer oder im Flur zu erstellen und die Schülerheftseite erst zu nutzen, um das Ergebnis der Klasse festzuhalten.

1. Man benötigt als Material einen Satz ABC-Kärtchen (selbst hergestellt oder auch das Butterfly-Alphabet – erstellt aus dem gleichnamigen Poster* – oder andere Buchstabenvorlagen) sowie kleine leere Kärtchen (circa 4 x 10 cm – Breite angelehnt an die Breite der Buchstabenkärtchen).
2. Die Schüler dürfen jeweils drei Kärtchen mit Begriffen bzw. Wortgruppen beschriften.
3. Die ABC-Kärtchen werden wie auf der Seite 16 im Schülerheft ausgelegt und die Schüler legen ihre eigenen Kärtchen entsprechend an.
4. In der Auswertung im Klassenverband (alle Schüler stehen um das ABC-Darium herum und können es im Überblick sehen) werden Doppelungen sichtbar und erläutert, anschließend auf einen Begriff reduziert, der liegenbleibt.
   Leerstellen können nun gemeinsam gefüllt und besonders beeindruckende / überraschende / kontroverse Begriffe besprochen werden.
5. Die entstandene Übersicht kann ins Schülerheft übernommen werden.

Methode „Punktabfrage":
Eine Punktabfrage kann an der Tafel (mit Magnetpunkten), auf einem großen Papierbogen (mit Klebe-punkten oder gemalten Punkten) oder auch auf dem Boden (mit Legpunkten oder Papierschnipseln/Klebezetteln) erfolgen.

Fragestellung: ***Welchen Stellenwert haben Freundschaften für dich persönlich im Alltag/in der Freizeit/in der Schule? (Kann auch einzeln abgefragt werden.)***

1. Die Fragestellung wird schriftlich fixiert.
2. Eine Skala wird sichtbar zur Verfügung gestellt.
3. Jeder Schüler markiert seine Position (je nach Organisationsform siehe oben).
4. Das sichtbare Ergebnis wird durch die Klasse interpretiert. Zentrale Aussagen können mitgeschrieben werden. Es werden keine individuellen Nachfragen gestellt.

Methode „verdeckte Ideen":
Um verschiedene Ideen der Schüler zu einer Frage, einer Situation oder einem Szenario zusammenzutragen, ist es wichtig, dass die Schüler ihre Ideen gegenseitig zunächst nicht einsehen können.
Um Begründungen zu formulieren, benötigen die Schüler Material (Argumente) zum Untermauern und um ihre Antworten nachvollziehbar zu machen. Eine gute Möglichkeit, solche Ideen zu sammeln, besteht in der Umkehrung einer Situation.

1. Bereiten Sie Blätter mit Satzanfängen vor, die die Schüler beenden sollen. Wir stellen vier vor, es sind aber auch mehr möglich. Bei weniger Blättern ist der Leerlauf für die Jugendlichen zu groß.
2. Die Blätter gehen durch die Reihen, jeder Schüler vervollständigt den Anfang mit seinen Ideen. Damit der nächste die eigene Idee nicht einfach nachschreibt und sich so selbst keine eigenen Gedanken mehr machen muss, faltet jeder seine Antwort weg (sieht aus wie eine Ziehharmonika, nur der Ausgangstext ist für jeden sichtbar).

---

* Butterfly-Alphabet von Kjell Sandvet, Vertrieb in Deutschland: Friedrich-Verlagsservice Seelze oder Verlag für pädagogische Medien (vpm)

Mustersätze für diese Aufgabe wären:

- *Ohne Freundschaft würde mir fehlen …*
- *Ohne Freundschaft gäbe es nicht/keine …*
- *Ohne Freundschaft wäre ich …*
- *Ohne Freundschaft könnte ich nicht …*

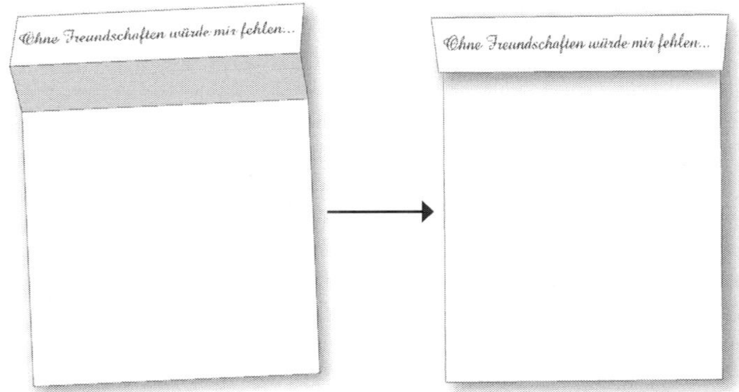

3. Wenn jeder seine Gedanken auf allen Blätter notiert hat (oder wenn ein Blatt voll ist), entfaltet ein Schüler je ein Blatt und liest die Ergebnisse vor. Auch hier können sich die Schüler wieder Notizen machen.

SH 18

Wenn die Schüler den Begriff „Freundschaft" im Wandel der Zeit unter die Lupe nehmen, dann wird eine Recherche, auch das Befragen der Eltern unabdingbar. Im Ergebnis kann in Gruppenarbeit ein Schaubild entstehen, welches zentrale Inhalte/Begriffe von Freundschaft zeigt und eventuelle Veränderungen markiert. Wichtig ist es hierbei, auf die veränderte Lebensrealität im Laufe der Zeit einzugehen, unterschiedliche Einflüsse zu benennen und sich an den Werten zu orientieren, die eine Freundschaft ausdrückt bzw. lebt. Hier Parallele zu heute zu ziehen, scheint auch für Schüler ratsam:

- Schule (und Beruf) vereinnahmen stärker als früher
- Andererseits sehr viele, ja mehr Kontaktmöglichkeiten als früher, aber oft oberflächlicher
- Der Begriff „Freund" wird heute oft sehr „rasch" verwendet (Netzwerke)
- Insofern muss der Begriff genau untersucht werden: Ein „Freund" ist jemand, der/die ...

„No-Gos" einer Freundschaft:

- Konkurrenz
- Eifersucht
- Neid
- Falsche Freunde
- Klammern, keine Freiräume lassen
- Zwänge
- Dominanz einer Person

Im Ergebnis dieser intensiven Auseinandersetzung mit dem Thema Freundschaft ist eine Sicherung wichtig. Für diese kann die Klasse geteilt werden:

- Eine Gruppe gestaltet die gewonnenen Erkenntnisse als Bildcollage, als Schriftcollage oder als Mischung aus beidem.
- Die andere Gruppe nutzt ihre Erkenntnisse, um einen Artikel für die Schülerzeitung zu verfassen.
- Im Zuge der vergangenen unterrichtlichen Arbeit wurden alle Aspekte, die sich in den Schlagzeilen wiederfinden, bearbeitet und besprochen, sodass diese genutzt werden können.

DIE ERZÄHLPERSPEKTIVE

SH 19

Mittlerweile dürften die Schüler mit ihrer Lektüre bereits weit vorangeschritten sein, sodass es sich anbietet, zur Erzählperspektive zu arbeiten bzw. darüber zu reflektieren.
Johann ist der Erzähler.

Vorteile	Nachteile
• man kann in die Seele des Ich-Erzählers blicken • Gedanken und Gefühle können tiefgründig erkennbar sein • Geschehnisse werden ausführlich geschildert • mehr Interpretationsfreiraum für den Leser	• man kann als Leser nicht nachprüfen, ob die Aussagen immer zutreffend sind • über die anderen Figuren erfährt man nur etwas aus „zweiter Hand" – oberflächliche Charakterisierung • Gefahr der Mystifizierung / Glorifizierung anderer Figuren • einseitige Sichtweise auf die Ereignisse • Beweggründe für das Handeln anderer Figuren werden nicht ersichtlich • kein Hinterfragen des eigenen Handelns des Erzählers

Die Methode, eine Textstelle aus der Sicht einer anderen beteiligten Figur zu betrachten, bietet sich in dieser Novelle an, um vor allem die anderen Figuren außer Johann etwas lebendiger werden zu lassen.

Dabei müssen die Schüler auf folgende Punkte achten:

- andere beteiligte Personen mit einbeziehen
- deren Reaktionen deuten
- Gedanken der erzählenden Person ausdeuten – Fragen stellen
- Verhaltensweisen von anderen Figuren bewerten, ihre Beweggründe herausarbeiten
- eigene Verhaltensweise hinterfragen

Dirk Kurbjuweits Aussagen können die Schüler zu ihren Ergebnissen, was die Vor- und Nachteile der Ein-Personen-Perspektive betrifft und zum „verunsicherten Erzähler“, in Beziehung setzen.

SH 20

DER „VERUNSICHERTE" ERZÄHLER

Dass Johann ein verunsicherter Erzähler ist, bestätigen häufig von ihm verwendete Wendungen:

- „Ich glaube, ...“
- „Wahrscheinlich habe ich ...“
- „Vielleicht habe ich ...“
- „[...], wenn ich es recht bedenke ...“
- „[...], wenn mich mein Gedächtnis nicht täuscht“

„Wenn ich mich richtig erinnere, war ich in jenen Tagen selbst ziemlich mürrisch und verschlossen.“ (92/22–24)

Ludwigs plötzliche Ablehnung des asiatischen Turms, ihres gemeinsamen Traums, muss Johann sehr getroffen haben. Es war der Auslöser dafür, dass auch Vera mit diesem Thema nicht mehr an Johann herankam. Natürlich war Johann wütend, denn wieder einmal gab er um Ludwigs Willen etwas auf, mit dem er sich wirklich angefreundet hatte, sich wirklich identifizieren konnte. Er signalisiert Unsicherheit und Naivität, weil er scheinbar wieder Verständnis für Ludwigs Reaktion zeigt, ohne zu hinterfragen.

„So ungefähr hat Ludwig es, glaube ich, gesagt.“ (97/27–28)

Entweder hat Johann die Sache so angewidert, dass er Ludwigs Ausführungen nicht mehr folgte, oder er konnte einfach nicht nachvollziehen, wie Ludwig mit dem Toten umging. Möglich, dass er Ludwig aufgrund seiner Furchtlosigkeit glorifizierte und diese Worte für angemessen hielt. Die Sache ist aber eigentlich zu unglaublich, um sich nicht mehr genau daran zu erinnern.

„[...] und ich weiß nicht, ob ich, der eigentlich alle Gedanken mit ihm teilte, genau verstand, was er meinte, vielleicht unterbewusst.“ (103/10–13)

Es zeigt, dass Johann die Sache natürlich beschäftigt, denn das Unterbewusstsein ist immer aktiv. Wahrscheinlich macht es Johann Angst, wie Ludwig über die Welt redet. Wahrscheinlich erkennt er auch eine gewisse Resignation in Ludwigs Worten, will dies aber nicht wahrhaben, denn sonst müsste er sich ja auch eine Mitschuld an seinem Tod geben. Denn hätte er hier hinterfragt, hätte Ludwig eventuell etwas preisgegeben, was auf den Selbstmord hindeutet. Johann wehrt sich gegen diese Gedanken und überdeckt sie mit Ausreden.

Erarbeitungsphase 3 – Vertiefung und Erschliessung der Themen und Figuren

Der Unfall

SH 21

In der sich der Erstlektüre anschließenden ersten gemeinsamen Unterrichtsstunde wird die Geschichte von ihrem Ende her aufgerollt, beginnend mit der Rekonstruktion des Unfalls. Hierzu haben die Schüler bereits bei der Inhaltssicherung (SH S. 14, Aufgabe 2) Informationen gesammelt. Für den Unfallbericht ist die Beantwortung der W-Fragen wesentlich:

Wann? – Spätsommertag, am späten Nachmittag
Wer? – Ludwig und Johann
Wo? – abschüssige Landstraße ohne Mittelstreifen, Kreuzung
Was? – tödlicher Motorradunfall: Fahrer getötet, Sozius am Bein schwer verletzt
Wie? – Motorrad ungebremst auf die Kreuzung zugefahren
– keine eingeschränkte Sicht
– Laster kam von links, Motorrad hat ihm die Vorfahrt genommen
– Helm des Fahrers löste sich
Warum? – zu schnell, eventuell von einem Ballon abgelenkt, freie Sicht auf die Kreuzung, Fahranfänger

Die schockierende Behauptung Veras, dass Ludwig mit Vorsatz gehandelt hat und auch Johann töten wollte, wirft die eigentlich entscheidenden Fragen auf, die die Schüler im Zuge der Erschließung des Werks für sich beantworten müssen. Diese werden gesammelt und visualisiert. Entweder arbeitet jeder Schüler für sich und macht sich seine Gedanken, oder entsprechende Fragen werden in einer Kleingruppe besprochen. Dann sollte sich jede Gruppe für drei weitere Fragen entscheiden, diese veröffentlichen – bei Doppelungen wird aussortiert/zusammengefasst. Auf die Fragen wird später wieder eingegangen. Das erfolgt am besten mit einem Blick auf die Pinnwand. So können gelöste Probleme entfernt und noch nicht beantwortete Fragen bzw. Schwerpunkte an der Pinnwand belassen werden. Dadurch behalten Sie den Überblick und die Schüler erkennen, dass ihre Gedanken im Unterrichtsprozess aufgenommen werden und zur Erschließung des Werks beitragen.

Einbeziehen:
SH 16
Fragen
Anregungen

- Wusste Ludwig von der Beziehung zwischen Johann und Vera, und wenn ja, woher?
- Warum spricht Ludwig Johann nicht auf Vera an?
- Hat Ludwig wieder angefangen zu essen, weil sein Entschluss bereits feststand?
- Hat Ludwigs Faszination vom Tod etwas mit seinem Selbstmord zu tun?
- Sollten Freunde einander nicht eigentlich schützen? Waren die beiden dann wirklich Freunde?
- Wollte Ludwig nur sich oder auch Johann umbringen?
- Trägt Johann durch seine Unterordnung unter Ludwigs Wünsche eine Mitschuld am tragischen Ausgang?
- Warum hätte sich Ludwig und Johann umbringen wollen/sollen?

Die Figuren

SH
22-23

Diese Doppelseite zu den Hauptfiguren Johann und Ludwig dient als Basis für die Auseinandersetzung mit Charakter und Handlungsweisen der beiden. Bereits während der Erstlektüre halten die Schüler hier wesentliche Eindrücke individuell fest. Dies dient ergänzend auch der Inhaltssicherung.
Die Seiten sind so aufgebaut, dass zunächst zur Anfangssituation (11 Jahre, erste Freundschaftsjahre) eine Kurzcharakterisierung eingetragen wird.
Darunter können Zitate festgehalten, wichtige Ereignisse notiert werden, durch Pfeile, Gegensatzpfeile, grafische Elemente können Entwicklungen verdeutlicht, gestaltet werden, wie sich die Figur verhält, verändert, entwickelt.
Die Grafiken geben Impulse, Eindrücke über die Entwicklung und Art der Freundschaft festzuhalten.

Anregung:
Die individuellen Gestaltungen in Kleingruppen vorstellen und diskutieren lassen.
Daraus lassen sich am Ende Charakteristiken erstellen.

SH 22

DIE FIGUREN – JOHANN

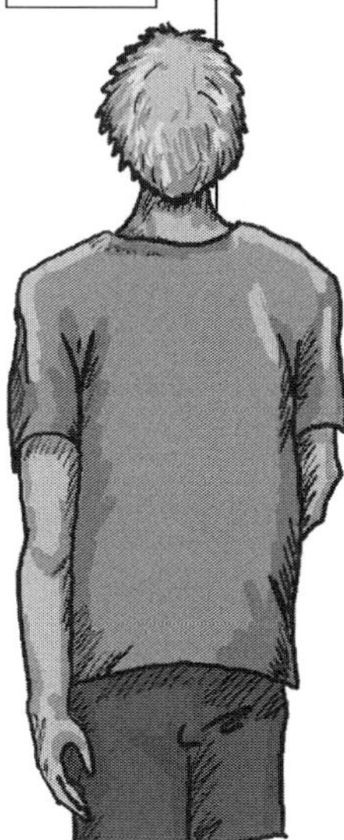

11 Jahre, erste Freundschaftsjahre
- mittelgroß; hellhaarig,
- hat wenig Mut und Selbstvertrauen
- tritt einem Ruderclub bei
- hat zunächst ungutes Gefühl bei Ludwig, aber dessen Furchtlosigkeit beeindruckt ihn
- hat Angst vor Toten, vor Unfällen, dem Verlust der Eltern
- Eltern lassen sich scheiden, Vater fährt auf Regatten mit, um ihn siegen zu sehen
- spielt wie alle Kinder gerne

16–18 Jahre, Auffallendes, Veränderungen ...
- durch die enge Freundschaft ziehen sich beide in der Klasse zurück, Einzelgänger
- hat Erfolge mit Ludwig, den er zum Rudern bringt, im „Zweier ohne"
- ist glücklich über Ludwigs Zwillingsangebot
- zieht sich auf Forderung Ludwigs von Marco und Josefine zurück
- verdrängt „unangenehme" Gedanken
- sehnt sich nach Kontakten außerhalb der Freundschaft mit Ludwig, stellt diese aber zurück
- sucht die Beziehung zu einem Mädchen, sexuelle Wünsche
- erfährt durch Vera partnerschaftliche Vorstellungen und Gefühle
- redet nicht über seine Wünsche und Gedanken – weder mit Ludwig noch mit Vera
- entfremdet sich seiner Mutter, da diese ständig über ihre Situation lamentiert
- trotz des „Zwillingsschwurs" bleibt vieles in der Freundschaft ungesagt
- Johann reagiert nur auf Veränderungen Ludwigs, hinterfragt sie aber nicht
- hat keinen Raum für individuelle Persönlichkeitsentwicklung – ist abhängig von Ludwig
- sieht sich in der Verpflichtung, Ludwig zu schützen, was ihm nicht gelingt
- hat kein Gespür für die Gefühle und Situation Ludwigs

Jahre danach (nach dem Tod Ludwigs)
- kann sich nicht eingestehen, dass Ludwig den Unfall wohl absichtlich verschuldet hat
- ist am Bein behindert
- trauert Ludwig nach, konnte sich nicht lösen
- ist einfacher Angestellter im Kaufhaus; was blieb von großen Zielen (Turmidee)?
- Kann keine dauerhafte Beziehung zu Frauen aufbauen

SH 23

DIE FIGUREN – LUDWIG

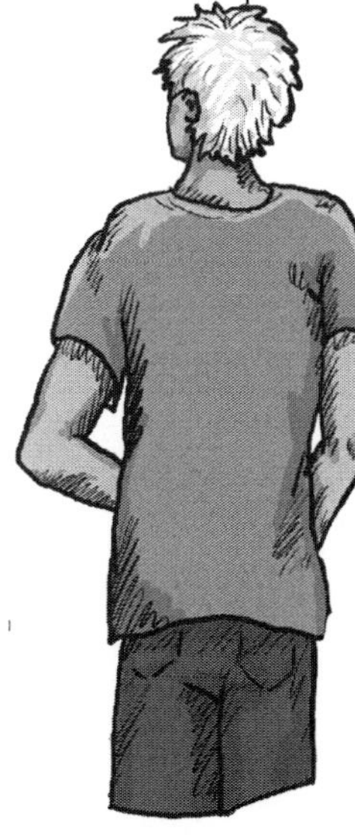

11 Jahre, erste Freundschaftsjahre
- mittelgroß wie Johann; rundes Gesicht, dünne Lippen, helle Hautfarbe, blondes, fast weißes Haar
- selbstbewusst, unerschrocken
- nicht schüchtern; tobt noch wilder herum als die Mitschüler
- wenn er redet, schweigen die anderen; anerkannt in der Klasse
- kann impulsiv und fröhlich sein; spielt gerne
- wohnt in einem Haus unter einer Brücke, wo Menschen in den Tod springen
- hat keine Angst vor Toten,
- eifersüchtig auf seine Schwester Vera
- Mutter arbeitet oft tagsüber, wenig zuhause

16–18 Jahre
- zieht sich von Klassenkameraden zurück, steht alleine mit Johann
- rudert nun im „Zweier ohne"; freut sich über Erfolge; will unbedingt siegen

- begabt fürs Rudern, ehrgeizig, erfolgreich
- verschlossen gegenüber seinem Vater; Mutter kaum wahrnehmbar
- kann sich übermäßig freuen, z.B. als er Josefine mitbringt, um Johann zu „überraschen"
- dann ist er wieder still, ernst, Johann und Vera nicht beachtend
- intolerant gegenüber anderen (Marco, „Russen")
- dominant, autoritär fordernd (Zwillinge sein)
- Unterzieht Johann drei Mutproben auf der Brücke!
- redet nicht über Träume, hat Schwierigkeiten seine Gefühle zu zeigen
- impulsiv; bringt Ideen ein, den Turm in Asien und die Idee, die Triumph Tiger Cub zu reparieren
- dann wieder mürrisch, immer wieder verschlossen, erklärt sich nicht, verwirft den Turm als „Scheiß-Schlitzaugenturm"
- trifft eigenmächtige Entscheidungen gleich für Johann mit, ohne ihn zu fragen
- besitzt eine eigenartige Affinität zum Tod, dieser fasziniert ihn (toter Bauer, „Beerdigung")
- gewaltbereit, aggressiv – Josefines Brüder, Vera
- zunehmend depressiv, verschlossen
- will Kontrolle behalten, dominiert und manipuliert Johann
- eifersüchtig
- verliert Kontrolle, als er seine Gewicht nicht mehr halten kann, wirkt verzweifelt
- hat wahrscheinlich in seiner Verzweiflung den Unfall verursacht und versucht Johann durch den Tod an sich zu binden

Natürlich werden auch Auffälligkeiten über die beiden Familien aufgeführt und Veras Rolle angesprochen, die in der Vertiefung im SH thematisiert werden.

Tipp:
Das Team „Standbild" hält Auffälligkeiten im Verhalten der beiden Protagonisten fest. Diese werden aus der Anregung der Mitschüler entnommen, wenn in Kleingruppen über die Figurenseiten diskutiert wird (zunächst nach der Erstlektüre, aber auch im späteren Unterrichtsverlauf). Entstandene Bilder können im Nachgang ausgehängt und als Diskussionsanlass genutzt werden. Verschiedene Standbilder zeigen die Veränderung – die Freundschaft erstreckt sich über sieben Jahre! Anfangs beeindruckt Ludwig durch seinen Humor, seine Ideen. Später wird er verschlossener, fordernder, unruhig, unsicher...

Das Team „Figurenplakate" enthält durch diese Figurenseite grundlegende Informationen für die Gestaltung ihrer Plakate. Hierbei bietet sich an, verschiedene Plakate zu entwerfen, um die Entwicklung und Veränderung der Personen deutlich zu machen. Auch mit den Plakaten können Stundenaufhänger bzw. Diskussionsanlässe gelegt werden. Die Klasse hat dabei die Möglichkeit, Fragen zu stellen, Anmerkungen zu geben und auch Ergänzungen zu initiieren.

„WIR WOLLTEN ZWILLINGE SEIN."

SH 24

Grundsätzlich verbirgt sich hinter dem Symbol des „Zwillings" eine erwünschte Gleichheit, Übereinstimmung, Harmonie, Gleichklang. Das sind zunächst positive Effekte, die zu Beginn der Freundschaft auch dahingehend auf Johann und Ludwig wirkten:

- wichtige Erfahrungen gemeinsam machen
- gemeinsame Geheimnisse haben und hüten
- alles gemeinsam unternehmen, nie mehr allein und einsam sein
- sich alles anvertrauen zu können (Träume, gemeinsame Zukunftsvisionen)
- gemeinsam sportliche Erfolge erringen
- sich gegenseitig Sicherheit und Anerkennung geben
- uneingeschränktes Vertrauen

Situation 1: S. 47/48 – Rückschläge lassen sich gemeinsam besser verkraften, sich Mut machen
Situation 2: S. 49 – Das Gefühl, dass jemand so sein möchte wie man selbst, gibt Johann eine Selbstsicherheit, die ihn für den Moment stark erscheinen lässt.

Ausgangspunkt für die „Fotosession" ist das abgebildete Spiegelbild. Daher wird zunächst festgehalten, was es ausdrückt/zeigt:

- Ausgangsfigur nur von hinten, in scharfen Konturen – Ludwig
- Spiegelbild ist Johann, verschwommen, möchte so sein wie Ludwig, mit ihm verschmelzen
- Johann verliert sein Gesicht, seine Persönlichkeit

	Ludwig	**Johann**
Gefahren	• Position hintereinander: Vereinnahmung durch Ludwig • komplette Aufgabe der Konturen: Verschwinden von Johann als Persönlichkeit	• unterschiedliche Gesichtsausdrücke: Auseinanderdriften • Abstand vergrößern: reden nicht miteinander, haben Geheimnisse voreinander • Rücken an Rücken
Erwartungen	• Größe: Dominanz, Unterordnung • Abstand: Verschmelzung zu einer Person, und zwar zu Ludwig	• gleichberechtigtes Nebeneinander • gleiche aufrechte Haltung • gleiche Schärfe • gleiches Äußeres

SH 25

EINE MUSTERSCHREIBAUFGABE

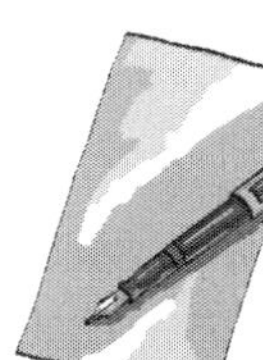

Die Musterschreibaufgabe wird als Beispiel für die Vorgehensweise bei Schreibaufgaben gemeinsam bearbeitet. Zunächst werden die Vorgaben gekennzeichnet und textbezogen bearbeitet:

Johann ist glücklich:
- Ludwig gibt ihm Sicherheit, nimmt ihm seine Ängste
- mit Ludwig an seiner Seite ist er nicht allein
- im Moment ist das Johanns Freundschaftsideal

Auslöser für die Vereinbarung:
- aus der Niederlageverzweiflung heraus entstanden
- beinhaltet völlige Gleichheit im Handeln, Denken und in den Wünschen
- bis in den Tod daran gebunden sein
- Ziel ist der Sieg über die Potsdamer Zwillinge
- Frage nach dem Erfolg des Ganzen kommt nicht auf
- als Motivation eventuell nachvollziehbar

Chance für Johann:
- treibende Kraft ist Ludwig – „zwingt" ihn mit einer Mutprobe
- fühlt sich stark an Ludwigs Seite
- willigt ein, genauso zu sein wie Ludwig, ohne die Tragweite dieser Entscheidung zu überblicken

sicherer werden:
- unbeschadet durch die Pubertät kommen (Unsicherheiten im Aussehen, im Umgang mit dem anderen Geschlecht überwinden usw.)
- sich ernst genommen fühlen
- jemanden mit gleichen Wünschen haben, der bei der Verwirklichung beiseitesteht

TEXTSTELLE

Die Textstelle selbst und im Umfeld nachlesen; Situation klären; beteiligte/betroffene Figuren

Wie/worin können zwei Menschen gleich sein? — Was soll sich ändern, was tun sie bisher schon gleich? — Was bleibt dabei auf der Strecke?

„[...] aber wir können auf unsere Art gleich werden, mehr als bisher. Wir müssen immer das Gleiche tun, wir müssen immer das Gleiche wollen, wir müssen immer das Gleiche denken. Er schrie. Und wenn einer von uns einen Grund hat, von dieser Brücke zu springen, dann muss das auch ein Grund für den anderen sein, von dieser Brücke zu springen, verstehst du? Willst du das? Ich wollte. Ich war sehr glücklich an diesem Abend. Wir waren Freunde und jetzt würden wir Zwillinge werden.“ (48/17–27)

Versteht Johann das wirklich? — Was ist der Unterschied? — Warum? — Warum? Was bedeutet das?

„auf unsere Art gleich ... mehr als bisher“:
- noch mehr Zeit miteinander verbringen
- alles zusammen machen
- gleicher Umgang mit den eigenen Familien – weitestgehend davon Abstand nehmen

„immer das Gleiche tun“:
- gleiche Freizeitbeschäftigung
- gleiche Berufswahl
- gleiche schulische Aktivitäten

„immer das Gleiche wollen ... denken“:
- setzt eigene Vorstellungen in den Hintergrund
- Gedanken kann man schlecht kontrollieren
- die eigene Meinung zählt nicht mehr
- Wünsche kann man nicht manipulieren, sonst sind sie nicht mehr die meinen

„schrie:“
- den Worten Nachdruck verleihen
- Druck aufbauen
- emotional

„verstehst du?“:
- es geht nicht ums Verstehen, sondern darum, Johann in der Situation zu beeindrucken
- eigentlich ist diese Forderung nicht verständlich, wenn auch aus Ludwigs Sicht ein Stück weit nachvollziehbar, keinesfalls aber – realistisch betrachtet – erfüllbar

„Ich wollte“:
- er ist überzeugt, dass er auch dies will
- In der Situation, auch er ist verzweifelt über die Niederlage, hat er Angst um Ludwig.
- Johann will Ludwig auch nicht verlieren
- er sieht darin die perfekte Freundschaft und Sicherheit in seinen Zweifeln (hässlich..., sich als unerträglich empfinden...)

„Freunde – Zwillinge“:
- für Ludwig eine Steigerungsstufe
- Geschwister sind durch die Blutsverwandtschaft miteinander verbunden, soll Intensität der Freundschaft erhöhen
- damit verbinden sie automatisch Erfolg sowie Gleichschaltung/Gleichstellung

SH 26

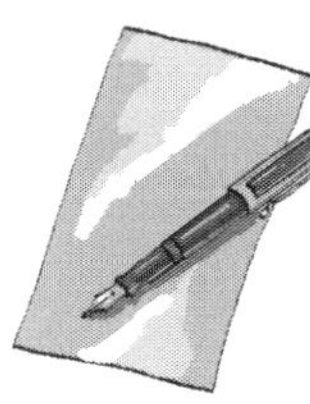

LUDWIG HATTE RECHT

Mit der Musterschreibaufgabe haben wir bereits Vorarbeit für den Tagebucheintrag der beiden über ihre Sicht zum „Zwillingsein" geleistet. Die angebotenen Textstellen geben zunächst Inhalte für die Stoffsammlung, wortwörtlich vorrangig für Johann, in der Auseinandersetzung damit auch für Ludwig. Teilen Sie die Klasse in zwei Gruppen, von denen je eine Tagebucheinträge von Ludwig, die andere Tagebucheinträge von Johann verfasst. Die Schüler müssen den Zeitpunkt des Schreibens festlegen. Das ist wichtig, da sich auch die Bewertung des „Zwillingseins" bei beiden ändert, auch wenn Johann das nie offen zugeben würde.

S. 39–40: – Gleichheit muss hergestellt werden, da sie nicht von Natur aus vorhanden ist
– wichtige Erfahrungen können sie nur gemeinsam machen

S. 49–50: – einen Zwilling zu haben, konnte von vielem befreien
– ein Zwilling erschüttert einen nie, sein Handeln ist auch das eigene

S. 52–53: – die Worte des Zwillings sollte man nicht auf die Goldwaage legen
– Johann ignoriert sie allerdings bzw. redet sie schön
– um Ludwigs Willen versucht Johann, seine Sehnsucht nach Mädchen zu bezwingen

S. 55: – Zwillinge erzählen sich jeden Morgen die Träume der Nacht
– vor der Schule miteinander reden

S. 56: – Ludwig schlägt Josefines Bruder, Johann macht das Gleiche ohne nachzudenken beim jüngeren Bruder

S. 59–60: – Johann trennt sich von seinem Freund Marco, weil Ludwig es will
– sie können sich auch das Peinlichste erzählen

S. 64–65: – man muss nicht mehr über alles Worte verlieren
– wichtige Dinge ahnten oder wussten sie voneinander (also hielt Johann die Sache mit Vera nicht für „wichtig"?)
– Johann setzt Ludwigs Zustimmung zu dem, was er sagte, voraus

S. 71–72: – gleichzeitiges Tanzen, jeder für sich, nimmt Johann als Zeichen des „Zwillingsbeweises"

S. 78: – gemeinsame Zukunftspläne, die von Ludwig ausgehen (keine Uni, Turm in Asien)

S. 82–83: – Ludwig „zwingt" Johann, nicht mehr mit seiner Mutter zu essen, sondern nur noch mit ihm zusammen zu sein
– Ludwig ist verstimmt, weil Johann die Woche über zu Hause schläft (seine Mutter wollte das so)

S. 90–91: – beide kämpfen gegeneinander, sind gleichzeitig erschöpft – Johann nimmt es wieder als Beweis ihrer fortgeschrittenen Angleichung
– Johann ergänzt Ludwigs Vergleich vom Motorrad mit dem Zweier ohne

S. 97–99: – hüten das Geheimnis über den Toten miteinander
– Ludwig sieht den Toten als Verstärkung ihrer Freundschaft
– was man teilt, verbindet – was man alleine haben will, trennt

T. 102–103: – Johann glaubt, die Gedanken Ludwigs zu kennen
– Johann glaubt, unterbewusst Ludwigs Worte zu verstehen, auch wenn er sie nicht deuten kann/will

S. 108: – lebensgefährliche Mutprobe auf der Brücke bestehen, sich gegenseitig festhalten

S. 115: – Gewichtsschwankungen ausgleichen, ohne das plötzliche Essen Ludwigs zu hinterfragen

S. 117: – sich in verschiedene Richtungen, aber im Gleichschritt entwickeln
– fast nie in den Arm nehmen

Der Satz: „Ludwig hatte Recht" signalisiert die Dominanz Ludwigs. Für Johann ist dies aber nicht klar:

- Johann hatte sich das erste Mal anders vorgestellt – gibt Ludwig aber Recht, dass sie beide dasselbe Mädchen haben müssen.
- Johann freut sich, Josefine wiederzusehen – gibt aber Ludwig Recht, dass sie Ablenkung ist, die beim Rudertraining nicht zu gebrauchen ist.
- Johann ist froh über Marco als Freund – gibt Ludwig aber Recht, dass er zu einfältig sei und nicht zu den beiden passt.

- Johann gibt Ludwig Recht, dass die Uni nicht für sie beide sei, obwohl er durch ein Studium natürlich seinem Leben eine erfolgreiche Richtung hätte geben können.
- Johann gibt Ludwig Recht, als dieser den Bremshebel des Motorrads als entscheidend über Leben und Tod hervorhebt.
- Ludwig zerstört ihren Traum vom Turm in Asien – Johann gibt ihm Recht mit der Begründung, dass diese Idee doch zu kindisch war.

Konfrontationsfigur zu Johann

In der Klasse wird sich über eine (oder auch mehrere) „Ludwig hatte Recht"-Situationen verständigt. Es werden zwei Schüler bestimmt, die die Rolle des Johann übernehmen. Sie haben die Aufgabe, Johanns Gedanken in dieser Situation laut zu sagen, damit seine Haltung nachvollziehbar wird.
Die übrigen Schüler werden in kleine Gruppen aufgeteilt, die sich jeweils eine fiktive Gegenfigur zu Johann ersinnen, die versucht, Johann zu zeigen, dass Ludwig nicht Recht hat.
Anschließend sitzen die beiden Johann-Darsteller den anderen gegenüber und beginnen mit der Äußerung ihrer Gedanken. Die Konfrontationsfiguren ihrerseits versuchen, Johanns Gedanken in eine andere Richtung zu lenken und ihn zu überzeugen, Ludwigs Aussage zu hinterfragen. Die beiden Johann-Darsteller unterstützen sich in der Argumentation gegenseitig. Ob es zu einer Verhaltensänderung kommt, entscheidet der Verlauf des Gesprächs.

LUDWIG UND JOHANN – EINE FREUNDSCHAFT?

SH 27

Hierbei können die Schüler auf die Arbeit zum Thema Freundschaft während der Lektürephase zurückgreifen. Augenmerk wird dabei auf die Aspekte gelegt, die eine Freundschaft ausmachen. Diese können in Beziehung sowohl zu den Aussagen (SH S. 28- 29) als auch zur Bewertung der Freundschaft zwischen Ludwig und Johann gesetzt werden.

Johann bietet Ludwig keine Hilfe an:
- stimmt, kann er gar nicht, da er Ludwig nicht in Not sieht
- Grund dafür ist, dass Johann alle Anzeichen falsch interpretiert und bei Ludwig nicht nach seinen Beweggründen für bestimmtes Handeln nachfragt

Ludwig stößt Hilfeschreie in Richtung Johann aus:
- sind als solche für Johann nicht zu erkennen
- Ludwig ist der Starke, derjenige ohne Ängste, daher ist Johann der Meinung, er brauche keine Hilfe
- in Wirklichkeit sendet Ludwig Signale, aber eben nicht eindeutig für Johann

Ludwig wird von seiner Eifersucht zerfressen:
- Eifersucht spielt eine große Rolle bei Ludwig: Eifersucht auf alle, die mit Johann in Verbindung treten
- Eifersucht auf Vera
- die Eifersucht verändert sein Denken und Handeln

Johann steht unfreiwillig zwischen den Fronten:
- unfreiwillig nur bedingt, denn durch ein Gespräch hätte er das klären können
- die Dreierkonstellation ist von Johann so gewählt
- die Heimlichtuerei bringt ihn zwischen die Fronten, verschärft sogar die Fronten zwischen Ludwig und Vera

Johann handelt immer wie ein richtiger Freund:
- nein, ist nicht ehrlich, hinterfragt nichts, sucht nicht das Gespräch mit Ludwig
- lässt sich dominieren

Das Foto-Team kann die Thesen jeweils zweimal darstellen: einmal in ihrer tatsächlichen Aussage und einmal in der Interpretation der Schüler.

Mögliche Stellen für die szenische Darstellung wären:

- Ludwig fängt wieder an zu essen und Johann versucht, Ludwigs Gewichtszunahme durch seine Abnahme auszugleichen.
- Ludwig zerstört den Traum vom asiatischen Turm und Johann gibt ihm Recht.
- Zunächst müssen die Kleingruppen ihr „Drehbuch" besprechen und überlegen, wie in dieser Situation zwei richtige Freunde gehandelt hätten. Durch das veränderte Handeln würde sich natürlich auch der weitere Verlauf ändern, was die Kleingruppen mündlich kurz darstellen könnten.

SH 28-29

BEDINGUNGSLOSE FREUNDSCHAFT?

Aspekte aus dem Text von Günther Gutknecht:

- gemeinsamer Wohnort
- gemeinsame Hobbys (Fußball, Instrument spielen)
- Gespräche führen, über alles reden, sich alles anvertrauen
- vielfältige Gesprächsthemen auch über die Zukunft
- sich aufeinander verlassen können
- sich gegenseitig aufmuntern und Mut zusprechen
- miteinander herzlich umgehen und viel lachen
- gemeinsame Ziele und Pläne sowie Unternehmungen
- *einer übernimmt eine andere Freizeittätigkeit*
- *einer verliebt sich*
- *weniger gemeinsame Begegnungen*

Der Erinnerungstext macht deutlich, dass Unterschiede kein Hindernis sein müssen, dass jeder der Freunde seine eigenen Interessen und Eigenschaften weiterentwickeln kann. Wichtig ist die Unterstützung bei der Loslösung von der Familie und im Findungsprozess der eigenen Persönlichkeit.

SH 31

ANSATZPUNKTE, WO JEMAND HÄTTE IN DIE TRAGISCHE ENTWICKLUNG EINGREIFEN KÖNNEN

Wer?	Wann und wie?
Johann	mit Ludwig reden (siehe – vertane Chancen)
Ludwigs Vater	als Ludwig seine Schwester verprügelt – klärendes Gespräch in der Familie
Johanns Mutter	Unterhaltung über Ludwig und die Freundschaft zu ihrem Sohn, als Ludwig Johann bittet, nicht mehr zu Hause zu essen und zu schlafen
Marco	Gespräch mit Johann, als Ludwig die Freundschaft zu Marco auch in Johanns Namen kündigt (siehe Brief SH S. 11)
Vera	nachdem sie die Beziehung zu Johann begonnen hat – Gespräch über ihren Bruder

Hilfs-Ich

Ein Schüler übernimmt die Rolle Johanns in seinen Überlegungen, nicht mit Ludwig über seine Beziehung zu Vera zu sprechen. Er hält sich alle Punkte vor Augen, die dagegensprechen.

Ein weiterer Schüler übernimmt die Rolle des Hilfs-Ichs und versucht, ihn mit Argumenten zu überzeugen, doch mit Ludwig zu reden. Beide Schüler stehen hintereinander. Der Johann-Darsteller beginnt mit der Äußerung seiner Gedanken. Immer, wenn ihm das Hilfs-Ich die Hand auf die Schulter legt, kann dieser Schüler die Gedankenführung in eine andere Richtung lenken und der Johann-Darsteller muss darauf reagieren und wieder zu seinen Argumenten überleiten.

Hinweis: In den hinten vorgestellten Schreibanlässen werden solche Eingreifsituationen schreibend erschlossen (S. 74ff.).

DIE ENTWICKLUNG DER FREUNDSCHAFT ZWISCHEN LUDWIG UND JOHANN

SH 30-31

①

Sie rudern gemeinsam in der Klasse „Zweier ohne", gewinnen zunächst alle Rennen

②

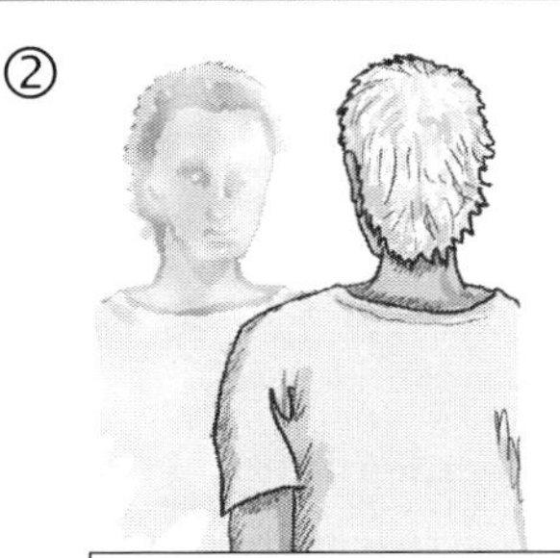

vertane Chance (S. 63)

„Zwillingsgelübde", erste gemeinsame sexuelle Erfahrung mit Josefine

③

erste gemeinsame Ausfahrt ohne Führerschein, Johann nimmt die Strafe auf sich, obwohl Ludwig gefahren ist

④

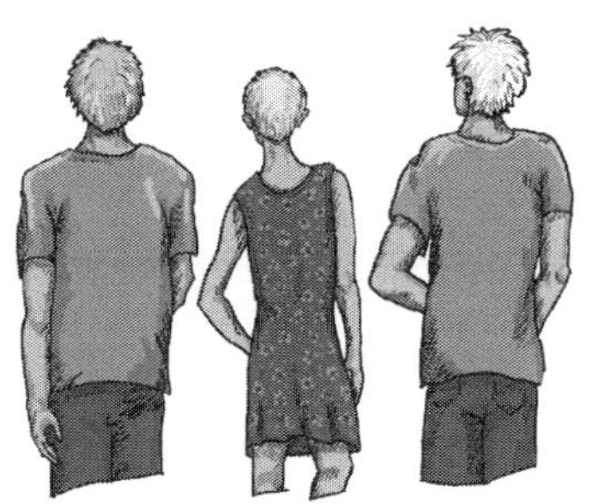

Johann schläft mit Vera und sagt es Ludwig nicht.

⑤

Johann und Ludwig wollen einen Turm in Asien bauen – gemeinsame Zukunftsperspektive, verstecken einen Toten

⑥

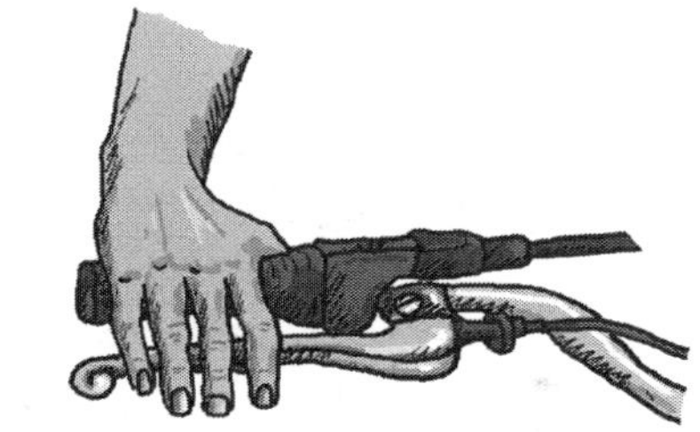

Sie bauen sich ein eigenes altes Motorrad in der Werkstatt auf, der Vater gibt Johann, nicht Ludwig (!) Tipps.

⑦

vertane Chance (S. 122)

Ludwig verprügelt seine Schwester, als diese sich auf das Motorrad setzt, was ihm und Johann gehört

⑧

Ludwig klettert über den Zaun, er fordert Johann auf, es ihm gleich zu tun. Beide halten sich an den Händen und lassen die andere Hand los ....

⑨

vertane Chance (S. 126)

Ludwig stirbt bei einem selbstprovozierten Motorradunfall an seinem 18. Geburtstag, Johann wird dabei verletzt

SH 32

LUDWIGS FAMILIE

Die Beschäftigung mit den Familien von Ludwig und Johann zeigt die Konsequenzen auf, die das Fehlen familiärer Kommunikation und Unterstützung in schwierigen Situationen nach sich zieht.
Ausgangspunkt für die Arbeit an dieser Familien-Doppelseite ist eine Gruppenarbeit, bei der die Klasse in zwei Gruppen aufgeteilt wird: eine beschäftigt sich zunächst mit dem Familienbild Ludwigs, die andere mit Johanns Familie.

In einem ersten Schritt werden Informationen über die Familienmitglieder und die Familienverhältnisse (aus dem Gedächtnis der Erstlektüre bzw. mithilfe der Inhaltssicherung – SH S. 9–15) auf einem Papierbogen zusammengetragen.

Anschließend werden innerhalb der Gruppe Teams gebildet (4er- oder 5er-Teams), die in circa 5 Minuten ein **Standbild beider Familien**, welches den bisherigen Eindruck der Schüler von den Beziehungen der Familienmitglieder zueinander wiedergibt, aufbauen und fotografieren. Das treffende Foto wird vervielfältigt und an entsprechender Stelle im Schülerheft aufgeklebt.

Vera:
- jüngere Schwester
- von Ludwig nicht gemocht, wenn möglich ignoriert
- steht im Konkurrenzkampf mit Ludwig um die Aufmerksamkeit ihres Vaters und natürlich Johanns

Ludwigs Vater:
- repariert alte Motorräder
- er kocht für die Kinder
- hat ein sehr angespanntes Verhältnis zu Ludwig, sie reden kaum miteinander
- Ludwig lässt sich von ihm nicht helfen („unsichtbare Kreidelinie" in der Werkstatt)
- er weigert sich, Ludwig zu den Ruderwettkämpfen zu begleiten
- ungewisse Vergangenheit, aber kein gelernter Motorradmechaniker
- erklärt sich und sein Handeln niemals
- scheint beruflich gescheitert zu sein, hat Angst vor Niederlagen

Ludwigs Mutter:
- ist Schichtarbeiterin, daher sehr selten zu Hause
- verbringt die Wochenenden gerne, indem sie mit ihrem Mann verreist
- tritt in der Familie kaum in Erscheinung

Das Ansprechen der einzelnen Familienmitglieder durch die Schüler erzielt im szenischen Spiel bzw. im dialogischen Sprechen die größte Wirkung und sollte an dieser Stelle unbedingt Platz finden. Daraus kann jeder Schüler für sich seine Eintragungen auf Seite 32 im Schülerheft konstruieren und niederschreiben.

SH 33

JOHANNS FAMILIE

Johanns Vater:
- Abteilungsleiter im Warenhaus
- ein zweites Mal verheiratet mit einer ehemaligen Kollegin
- begleitet Johann zu jeder Regatta, um ihm ein „guter" Vater zu sein
- interessiert sich aber kaum für seinen Sohn und wie es diesem geht

Johanns Mutter:
- kann Trennung von ihrem Mann nicht überwinden
- versucht Johann an sich zu binden, was ihm teilweise peinlich ist
- reagiert sehr sensibel auf Johanns zunehmende Eigenständigkeit
- ist so mit sich beschäftigt, dass sie Johanns Probleme nicht erkennt

Sprachlosigkeit, die Verschlossenheit in den Familien und unter den Protagonisten kann als Grund für das Scheitern von Beziehungen angesehen werden. Zudem kann dies teilweise erklären, welche Entwicklung die Kinder genommen haben.

Ludwig...

- spricht nicht mit seinem Vater, bittet ihn nicht um Hilfe beim Motorradbau.
- warnt Vera nicht verbal vor, sondern schlägt gleich auf sie ein, als sie auf seinem Motorrad sitzt.
- spricht mit seiner Schwester offensichtlich gar nicht.
- redet mit Johann nicht über Liebe, obwohl ihn das wirklich sehr beschäftigt.

Vera...

- spricht nicht mit Johann über Ludwig und dessen merkwürdiges Verhalten.
- kommuniziert absichtlich mit Blicken und kleinen Gesten mit Johann, in der Erwartung, dass sie Ludwig hoffentlich nicht entgehen.

Ludwigs Vater...

- ist wortkarg, auch Johann gegenüber.
- reagiert auf nichts mit Worten, er widmet sich nur seinen Motorrädern.

Ludwig und Vera reden nicht miteinander, sondern duellieren sich beim Pfannkuchenwettessen bzw. durch die Anwesenheit Veras, wenn Ludwig und Johann zusammen sind.

Johann ...

- spricht mit Ludwig nicht über die Beziehung zu Vera.
- spricht Ludwig nicht auf dessen Verhaltensänderungen an, sondern reagiert einfach von sich aus mit einer scheinbar geeigneten Gegenmaßnahme.

Johanns Vater spricht mit seinem Sohn nur Smalltalk, was ihn bewegt, wird nicht thematisiert.

Johanns Mutter...

- spricht mit ihrem Sohn nur dann, wenn er sich von ihr „abwenden“ will, dann erscheint es als eine Art „Betteln“, sie nicht allein zu lassen.
- hat keinen Anteil an Johanns Leben, er schließt sie kommunikativ aus.

Johann und Vera reden über den asiatischen Turm, sie drängt sich somit in die Beziehung zwischen Ludwig und Johann.

Auswirkungen des „Nicht-miteinander-Kommunizierens“:

- Missverständnisse, Verdächtigungen und Vermutungen
- Intrigen, Streit
- Eifersucht
- Verletzungen der Gefühle anderer
- Unwissenheit darüber, was dem anderen wichtig ist und was in ihm vorgeht
- Schuldgefühle
- Geheimnisse
- kein Rückhalt, keine Unterstützung

} alles negativ belegt

Geeignete Textstellen für das szenische Spiel mit verändertem Handlungsverlauf:

- Dreikampf beim Pfannkuchenwettessen (S. 30, 114, 116)
- Johanns Begegnung mit Vera in der Werkstatt (S. 63/64)
- nachdem Johann das erste Mal mit Vera geschlafen hatte (S. 75/76)
- Johann macht sich Sorgen um Ludwig (S. 80/81)
- Ludwig schlägt Vera (S. 89/90)
- Ludwig zerstört den Traum vom asiatischen Turm (S. 92)
- als Ludwig plötzlich anfängt zu essen (S. 114/115)

SH 34

VERA

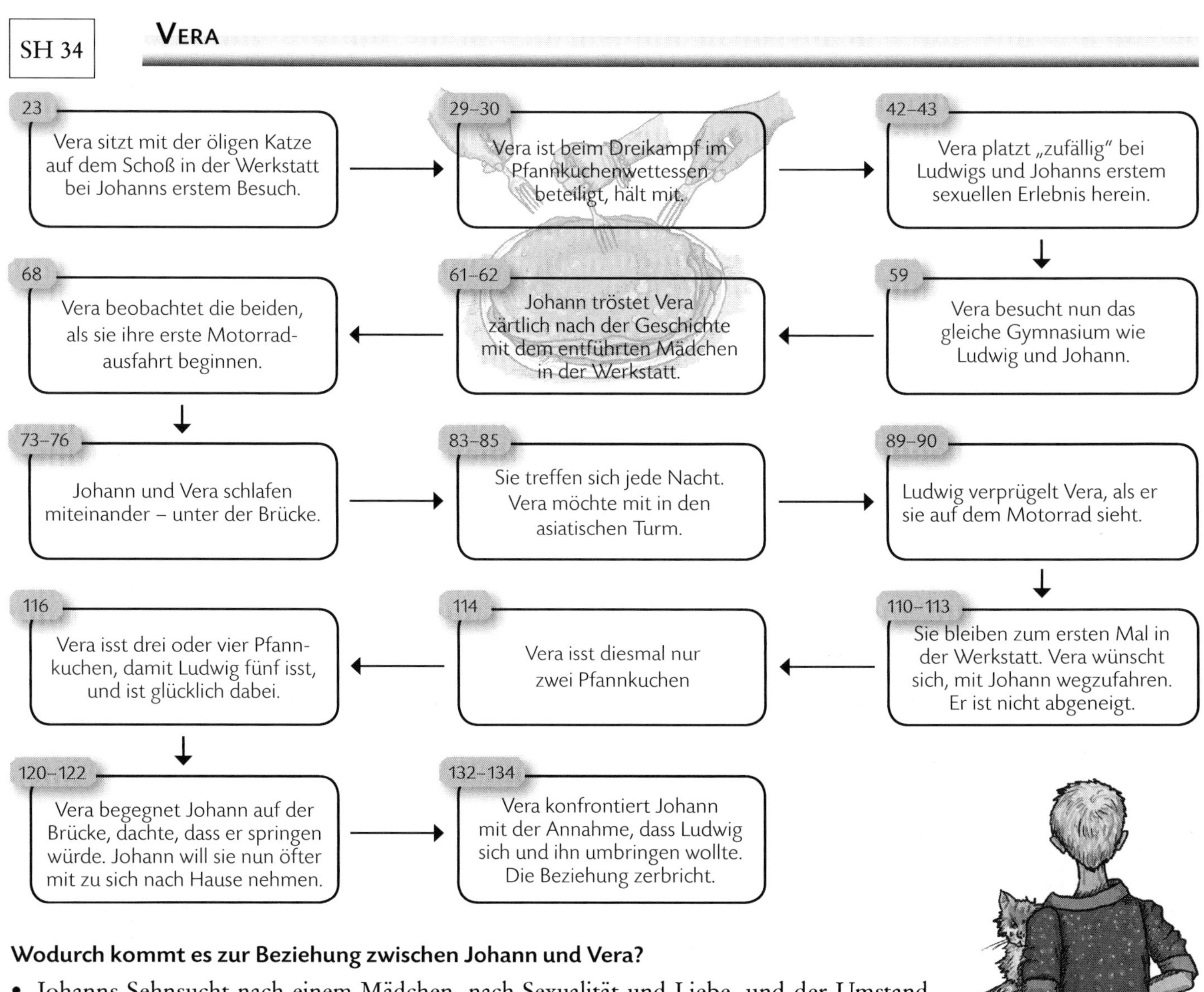

Wodurch kommt es zur Beziehung zwischen Johann und Vera?

- Johanns Sehnsucht nach einem Mädchen, nach Sexualität und Liebe, und der Umstand, dass er mit Ludwig darüber nicht reden kann, da der sich dafür scheinbar nicht interessiert.
- Veras scheinbar ständige Gegenwart, wenn Johann bei Ludwig in der Werkstatt ist.
- Johann fühlt sich von Veras Zartheit angezogen.
- „Zufällige" Begegnung in der Werkstatt.
- Sie wollen es beide.

SH 35

LUDWIG → VERA ← JOHANN

Die Grafik verdeutlicht, dass Vera zwischen Johann und Ludwig steht – schon als Kind dringt sie wahrscheinlich unbewusst in ihre Freundschaft ein, indem sie aus dem Pfannkuchenessen einen Wettkampf macht. Sie sucht Aufmerksamkeit. Schon früh ist sie meist außer Haus, zu Ludwig hat sie kein gutes Verhältnis.

Sie ist eine gute Beobachterin (mit der Katze in der Werkstatt), sie schaut zu und erkennt so sicher manches, was in der Familie nicht gelingt.

Sie weiß ihre Reize einzusetzen und so auch Johann zu imponieren. Durch ihre Beziehung zu Johann wird sie für Ludwig zur Konkurrentin, ob ungewollt oder gewollt. Ob sie sich in den Mittelpunkt drängt, um ihren Bruder zu provozieren, ist unklar. Vielleicht setzt sie sich absichtlich auf das Motorrad, um Ludwig zur Weißglut zu bringen; sie kennt ihn gut!

Ihre Bedürfnisse gehen über das Sexuelle hinaus, sie schmiegt sich an Johann, möchte mit ihm ans weite Meer fahren, in ihm einen Partner finden, hat Sehnsüchte.

Ihre Rolle muss differenziert gesehen werden, was die Schülerinnen und Schüler auch tun werden, wenn sie Identifikationsmomente zu sich selbst heranziehen. Auch Vera findet offensichtlich in der Familie keine Geborgenheit.

Mögliche Statements:

- Vera will sich an Ludwig für seine Ignoranz und schlechte Behandlung rächen.
- Vera provoziert, dass sich Johann auf sie einlässt.
- Vera sucht einfach nur Nähe und Liebe, und Johann war zur richtigen Zeit am richtigen Ort.
- Vera ist eifersüchtig auf Ludwig und versucht, ihm Johann auszuspannen.
- Vera drängt sich gezielt in die Freundschaft der beiden, sie ist an allen wichtigen Ereignissen anwesend und nimmt den beiden die Zweisamkeit: Brücke, Motorrad, Turm.

Das Team „Figurenplakat“ entwirft zu Vera ein Plakat, das ihre Entwicklung zeigt: vom kleinen Mädchen zur selbstbewussten Liebespartnerin von Johann. In Ergänzung zu den anderen bereits erstellten Plakaten für Johann und Ludwig können nun verschiedene Konstellationen bzw. Situationen gelegt und in der Klasse diskutiert bzw. bewertet werden.

Veras Einschätzung:
Anregung: Teilen Sie die Klasse in zwei Gruppen.

- Gruppe 1 verfasst schriftliche Einschätzungen nach der Aufgabenstellung im SH S. 35.
- Gruppe 2 nutzt das theaterpädagogische Verfahren des „Hilfs-Ich“, um sich Vera selbst erklären zu lassen:

Gearbeitet wird in Kleingruppen. Jeweils ein Schüler übernimmt die Rolle von Vera und beschreibt aus deren Sicht ihr Verhältnis zu Johann und Ludwig (Beginn, Motive, Ergebnisse). Je ein weiterer Schüler agiert als Hilfs-Ich, indem er die Gedanken von Vera entweder in eine andere Richtung/auf ein anderes Augenmerk lenkt oder sie auch zum Nachdenken bringt, indem er gezielter/provokativ hinterfragt.

Die Diskussion darüber, warum Vera erst einige Zeit nach Ludwigs Tod Johann mit ihrer Vermutung konfrontiert, wird in Kleingruppen vorbereitet. Hierbei werden Argumente gesammelt, notiert. Anschließend setzen sich zwei Gruppen zusammen und einigen sich auf die wichtigsten Argumente und sortieren Doppelungen aus. Am Ende bleiben wenige schlagkräftige Argumente übrig.

Im szenischen Spiel oder Kreuzverhör könnten die Figuren Johann und Vera damit konfrontiert werden, um sich zu äußern und dazu Stellung zu nehmen.

SYMBOLIK IN DER NOVELLE

siehe auch Analyse S. 11 - 14.

Wie in der Analyse aufgeführt, verdichtet die Symbolik von Orten und Gegenständen leitmotivisch die Entwicklung der Handlung und den Charakter der Beziehung der Figuren. Dabei sind Symbole, etwa der „Zweier ohne“ und das Motorrad, mehrdeutig und inhaltlich eng miteinander verknüpft.

Die Schülerheftseiten zur Symbolik können gelöst werden

- nach individueller Vorarbeit in Kleingruppen
- je eine Gruppe präsentiert ihre Ergebnisse mittels Projektorfolie oder als Plakat

Zu Beginn sollte an einem Beispiel (Ruderboot „Zweier ohne“) festgehalten werden, was ein Symbol ausmacht.

Es ist möglich, dass auch der Schuppen unter der Brücke als Symbol angesprochen wird:

- Erlebniswelt der Jungen unter der Brücke, wo Menschen in den Tod springen
- kindliches Spielen auf den Motorrädern
- Distanz Vater – Ludwig
- Vera mit Katze, die in die Welt der Jungen einbricht ...

SH 36

Symbolik –Die Brücke

„Brücke" hat als Wort auch symbolische Bedeutungen. Halte diese fest.

- Verbindung, Einheit, auch Freundschaft
- Sie symbolisiert auch die Weite, den Auszug, das Abenteuer

Welche Bedeutung hat die Brücke für Johann und Ludwig?

- Als Kinder gewaltig, Johann erlebt sie als lebendig – einbetonierter Arbeiter
- Entführung des Mädchens, deren Angst ...
- Freiheit – über sie führt die erste Motorradausfahrt
- Sie wirkt auf Johann auch bedrohlich: Tod, Selbstmorde

Wichtige Ereignisse:

- Auf ihr beginnt die Freundschaft; auf ihr findet das Zwillingsgelübde statt; Ludwig benutzt sie für seine Mutproben
- Unter ihr beerdigen sie „ihren Hausmeister"
- Sie verbindet Johann mit Ludwig, aber auch mit Vera: unter der Brücke lieben sich die beiden

Inwiefern trifft die Symbolkraft des Wortes „Brücke" auf die Brücke in der Novelle zu?

- Größe, Abenteuer, Grenzüberschreitungen
- Freundschaft zwischen den beiden, gemeinsamer Weg
- Gegenwart des Todes (einbetonierter Arbeiter), Selbstmorde
- Gefahr: Angst Johanns – Mutproben Ludwigs mit Johann
- Trennendes: Johann schläft mit Vera unter der Brücke

SH 37

Symbolik - Zweier ohne

„Wir hatten gute Voraussetzungen für den Zweier ohne ..." (47/8)

- Sie sind gleich groß, gleich schwer, sie harmonieren gut, sind beide begabt und wollen beide gewinnen

„Ein Motorrad, sagte Ludwig, ist wie ein Zweier ohne, zwei Leben, ein Schicksal." (90/29–91/2)
„Deshalb passt es auch so gut zu uns..." (91/2–3)

- Sie spielen als Kinder auf Motorrädern, Johann empfindet den Klang eines Motorrads als „Ruf nach Befreiung", sie erleben das Gefühl von Gleichklang und Harmonie bei ihrer ersten Ausfahrt
- Die Tiger Cub soll sie zusammenschweißen
- Johann bewahrt Ludwig bei ihrer Fahrt ohne Führerschein vor Ärger
- Auf ihrer Triumph sitzt Vera, Ludwig rastet aus, er will nicht, dass sich Vera zwischen ihn und Johann schiebt
- Sie verunglückten gemeinsam mit dem Motorrad
- Ludwig denkt darüber nach, dass das Betätigen der Bremse über Leben und Tod entscheiden kann

Verändert sich die Bedeutung oder die Stimmungslage gegenüber dem Boot und dem Motorrad?

Ja: Anfangs schweißen das Rudern und das gemeinsame Richten des Motorrads sie zusammen. Sie freuen sich und erleben viele schöne Stunden miteinander. Das Boot wird durch die Niederlage zur Belastung, Ludwig fordert von Johann, auf Josefine zu verzichten, sich noch mehr zu quälen; er selbst verzweifelt an den Niederlagen, nimmt immer mehr zu und gefährdet ihre Erfolge, schließlich sogar die Teilnahme am Landesfinale. Beim Motorrad verliert er das Interesse, das hängt mit Vera zusammen, die sich zwischen sie drängt, aber auch mit seiner Stimmungsveränderung.

Zweier ohne Steuermann ist die vollständige Bezeichnung der Ruderklasse. Trifft dies symbolisch auch auf Johann und Ludwig zu?

Einerseits ja, sie harmonieren, sie feiern viele Erfolge. Als sie jedoch öfter gegen die Zwillinge aus Potsdam verlieren, übernimmt immer mehr Ludwig die Initiative, er wird zum „Steuermann". Zweier ohne kann auch bedeuten, dass Ludwig für Johann keine weitere Beziehung, Freundschaft oder Liebe dulden möchte.

Symbolik - Der Turm in Asien

SH 38

Auch der Turm hat symbolische Bedeutungen:

- Macht, Einfluss, Kontrolle
- Aber auch: eingesperrt sein, Gefangenschaft; Turmbau zu Babel: Überheblichkeit, Gottes Verachtung

Was verbinden sie mit diesen Träumereien?
Wie siehst du Johanns und Ludwigs Wunschvorstellungen?

Sie denken an ihre gemeinsame erfolgreich Zukunft, an ihren Traumberuf; ihr Turm sollte der welthöchste werden, 450 m hoch; in ihrer Fantasie können sie alles im Leben erreichen und bewältigen.
Diese gemeinsamen Vorstellungen sind schön. Sie wollen ihre Zukunft gemeinsam meistern; sie stellen sich vor, wozu sie es im Leben bringen werden. Es ist schön, wenn man Fantasie und Ziele hat, auch wenn diese etwas überhöht wirken.

Worauf führst du diesen Stimmungswechsel zurück?

Wohl darauf, dass Ludwig Schwierigkeiten mit den Niederlagen und mit dem Gewicht halten hat, aber auch darauf, dass Vera in ihre Beziehung getreten ist, dass sie mit einziehen möchte, auch wenn er das so nicht weiß. Er hat Angst zu scheitern und seinen Freund zu verlieren.

Wie deutest du nun Ludwigs „Kehrtwende"?

Er zweifelt an der gemeinsamen Zukunft, er bekommt einiges von Johanns Beziehung mit Vera mit. So soll „ihr Hausmeister", „ihr Geheimnis", sie wieder stärken verbinden. Er benutzt, ja missbraucht den Tod des Bauern, um Johann an sich zu binden, ihn erneut zu beeindrucken. Er fühlt sich absurderweise „wohl", als er den Bauer vor der Polizei versteckt und diesem die Beerdigung verweigert.

Hat sich Ludwigs Haltung zum Turm dadurch nun wieder geändert?
Entscheide selbst und begründe.

Nach der Beerdigung spinnen sie geradezu wieder heiter ihre Zukunftsfantasien weiter und Ludwig unterzieht Johann erneut einer, dieses Mal lebensbedrohlichen, Mutprobe auf der Brücke.
Wir erfahren danach nichts mehr über den Turm und über dessen Bedeutung.

Symbolik - Der Tod, die große Angst

SH 39

Sicher erklärt das Aufwachsen unter der Brücke ein Stück weit Ludwigs bizarres Verhältnis zum Tod, das darin gipfelt, dass er durch das Verstecken des toten Bauern (ihr „Hausmeister") Johann davon überzeugen möchte, „dass uns der Tote sagen würde, wie wichtig das ist, so zusammenzuhalten." (S. 99). Das Geheimnis um den Toten verbinde sie nun.

Ludwig hat nicht gelernt, sich mit der Realität des Todes auseinanderzusetzen. Er war da, er überspielt ihn, und imponiert so Johann.

SH 40

Von der Brücke springen immer wieder Menschen in den Tod. Johann und Ludwig fragen sich, warum sie dies getan haben könnten.
Wie gehen beide mit dem Tod um, was empfinden sie? Trage dies passend zu den Ereignissen ein – und versuche, ihre Reaktionen zu bewerten.

Situation/Anlass	Ludwig	Johann
Das tote Mädchen „IN DER NACHT, als das Mädchen vom Himmel fiel, wurde Ludwig mein Freund." (9/7–8; 31/18–35/5)	euphorische Stimmung • *schließt ihr die Augenlider* • *gefühllos ohne Distanz* • *schon mit 11 Jahren Erfahrung mit Toten*	• *empfindet Körper wie eine Kasperpuppe* • *ängstlich, hält Abstand* • *riesige Angst vor dem Tod der Eltern und vor Toten* • *sucht Freund gegen die Angst*
Niederlage gegen die Zwillinge aus Potsdam „Und wenn einer von uns einen Grund hat, von dieser Brücke zu springen, dann muss das auch ein Grund für den anderen sein, von dieser Brücke zu springen […]" (48/21–24)	• *riskiert sein Leben* • *fordert Johann auf, sich umzubringen, wenn einer einen Grund dazu hätte*	• *ist verzweifelt* • *sieht jedoch keinen Grund sich umzubringen*
Der tote Bauer, ihr „Hausmeister" (95/18–106/22)	• *euphorische Stimmung* • *fragt sich, warum der Mann gesprungen ist*	• *will Polizei holen* • *ist verunsichert über Ludwig*
„Der Tote gehört uns, nur uns, dir und mir." (97/25)	• *hält den Tod für eine „große Sache"* • *hält den Toten für ihren Besitz, der sie verbinde*	• *keine feierliche Stimmung*
Wie war Ludwigs Stimmung, bevor er den toten Mann findet? Wie erklärst du dir, dass er nicht die Polizei informiert? *Er will den Toten benutzen, um wie beim Mädchen Ludwig an sich zu binden. Eine ungeheure Pietät- und Respektlosigkeit gegenüber dem Mann.*	• *davor war Ludwig niedergeschlagen* • *er hatte sich zurückgezogen* • *er wartete geradezu auf einen Selbstmörder*	
Auf der Brücke (106/23–09/6) „Wir halten uns gegenseitig, sagte er, wir sind Zwillinge, nur du und ich." (108/22–24)	• *Ludwig klettert über den Sicherungszaun* • *Ludwig spielt mit seinem und Johanns Leben*	• *will das nicht* • *denkt an Ludwig und an Vera* • *ordnet sich unter und riskiert sein Leben*
„[…] ist es nicht seltsam, dass ein Leben vom richtigen Umgang mit so einem blöden Griff abhängen kann? […] du ziehst im falschen Moment oder ziehst nicht und zack!, komisch oder?" (82/4–8)	• *Eine Andeutung Ludwigs, die zeigt, wie respektlos er das Leben einschätzt* • *Seltsam ist seine Handlung dazu*	

Durch verschiedene Andeutungen und Verhaltensweisen Ludwigs bahnt sich dem Leser das dramatische Ende an. Welche Situationen könnten das gewesen sein? Wie reagiert Ludwigs Umfeld darauf?

Situationen	Reaktionen Johanns/des Umfelds
Ludwigs Laune wird schlechter (80)	beginnt, sich Sorgen zu machen
Er isst immer weniger, um sein Idealgewicht für den Zweier ohne zu halten (80, 81)	hält Ludwigs ständiges Hungergefühl für den Grund des Stimmungswechsels, fragt aber nicht
Ludwig wird sehr anhänglich, will, dass Johann permanent bei ihm ist (82)	*Johann muss auf Verlangen seiner Mutter die Woche über zuhause übernachten. Ludwig ist darüber verstimmt.*
Ludwig schlägt auf Vera ein, als diese auf ihrer Triumph Tiger Cub sitzt.	*Vater greift ein; Johann kämpft sogar mit Ludwig!* *Johann hält es für eine Entladung zwischen Bruder und Schwester: Der Vater unternimmt nichts.*
Ludwig versteckt den toten Bauern …	*Johann sieht im Wissen um diese Ungeheuerlichkeit ein Geheimnis, das sie verbindet.*
Ludwig erleidet Fressattacken; die Teilnahme am Landesfinale ist gefährdet	*Johann isst umso weniger; Vera provoziert ihren Bruder, trotz des Überlegens, Ludwig die Beziehung mitzuteilen, mit ihm zu sprechen – es geschieht nichts.*

Leider hilft Ludwig niemand. Aber in der Novelle findest du mehrfach versteckte Hinweise, wie Menschen mit Selbstmordabsichten geholfen werden könnte:

- *Unterstützung durch Freunde, Eltern, Partner, Freunde im Leben, Beziehungen pflegen; Hilfe anbieten.*
- *Der Bauer wäre nicht gesprungen, wenn er eine Aufgabe und Anerkennung gefunden hätte, mutmaßt Johann.*
- *Über Probleme reden, sich Halt geben (Vera – Johann); Selbstmord ist eine Verzweiflungstat, die durch einfühlsame Freunde, Eltern und Partner verhindert werden kann.*
- *Vera macht sich Sorgen um Johann, er um sie, das sensibilisiert sie für mögliche Verzweiflungstaten. Allerdings sind sie zu wenig offen und teilen sich ihre Gefühle nicht mit.*

Was schützt Johann vor solchen Gedanken wie Ludwig sie hegt?

- *Er hat Angst vor dem Tod und dem Verlust der Eltern. Er ist nicht allein, er hat Ludwig und Vera.*
- *Er hat Lebensfreude, er rudert nach wie vor gerne, freut sich auf das Motorrad, auf seine Zukunft. Er kann Niederlagen verarbeiten.*

Was hätte Ludwig schützen können? Tragt zunächst Möglichkeiten zusammen und entwerft anschließend eine konkrete Situation auf die Handlung bezogen. Dies könnt ihr schriftlich verfassen oder auch szenisch darstellen.

- *Offenheit*
- *Beziehungen suchen und nicht immer an das Düstere in der Welt denken,*
- *nicht am Vergänglichen hängen, sondern am Jetzt: Erfolg und Niederlage gehören zusammen*
- *Freunde können Halt geben; Hilfe in Anspruch nehmen.*
- *Nicht alles und alle kontrollieren und beherrschen wollen, lernen mit Schwächen umzugehen.*

- *Ludwig selbst gibt eine deutliche Antwort: „Wegen ein paar Niederlagen springt man nicht“ (S. 48)*

„Zweier ohne" – eine Novelle

SH 41-43

Die Beschäftigung mit der Erzählform Novelle vertieft das Verständnis, indem es die Struktur und die Intentionen des auslassenden und verdichtenden Erzählens thematisiert.

① Wenige Handlungsträger:

Johann, Ludwig, Vera

Am Rande: Ludwigs Vater, Johanns Mutter

Die Eltern spielen eine untergeordnete Rolle – sie vermitteln zugleich die Isolation Ludwigs und Johanns. Sie haben kaum Kontakt zu ihren Eltern, keinen Rückhalt, keine Orientierung.

② Weggelassen, nicht erzählt wird:

- *Warum Johanns Charakter sich so entwickelt hat.*
- *Warum er so hartherzig, gefühlsarm und herrisch wurde.*
- *Woher seine Gefühlskälte, seine Unfähigkeit sich mitzuteilen, seine abstruse Haltung zu den Toten kommt; nur zu diesen äußert er sich, jedoch nicht zum Leben.*
- *Warum die Eltern so wenig Kontakt zu ihren Kindern haben.*
- *Weshalb Vera die Beziehung zu Johann sucht.*
- *Weshalb Ludwig sich so unterordnet, alles „richtig" macht, wie er selbst im Abstand von Jahren noch glaubt …*

③ Charaktere der Figur/en beeinflussen das Schicksal:

Hätten Johann und Ludwig miteinander offen und ehrlich, Rücksicht nehmend miteinander gesprochen, wäre die Katastrophe nicht geschehen. Auch Vera unternimmt nichts, ihre Beziehung zum Bruder ist geprägt durch Konkurrenz, beide kommunizieren nicht, sie weiß um die Situation ihres Bruders …
Die Familien zerfallen (Scheidung, Trennung) oder geben keinen Halt (Ludwigs Vater spricht mit Johann über Motorräder, mit seinem Sohn anscheinend kaum). Am Wochenende sind beide oft auf Städtereisen weg, auch Vera zieht es früh zu ihrer Freundin Flavia (Eltern ebenfalls getrennt).
Selbst die Lehrer sind ohne Orientierung und werden nicht ernst genommen.

④ Die Exposition:

„IN DER NACHT, als das Mädchen vom Himmel fiel, wurde Ludwig mein Freund – spannende Vorausdeutung auf die Ereignisse des ersten Kapitels; bereits die erste Seite nennt wesentliche Motive und Symbole:

- *Angst vor dem Tod*
- *Wunsch nach Freundschaft*
- *Brücke und Tod*
- *Veras Konkurrenz zum Bruder Ludwig*
- *unheimliches Haus*
- *Familiensituation*

⑤ Die „unerhörte Begebenheit“: (der Wendepunkt)

Die Freundschaft zwischen Johann und Ludwig beginnt durch ein Mädchen, das „vom Himmel fiel“ – sich das Leben nimmt.
Sie endet mit dem Motorradunfall; Johann weist Veras Verdacht eines Selbstmordes empört zurück!
Die Freundschaft ist unerhört, da Ludwig versucht, sich Johann bedingungslos als Zwilling unterzuordnen, er soll ihm gleich werden, gleich denken, gleich fühlen, gleich handeln (bis zum Tod).

Auch:
Ludwig verprügelt Vera, als diese auf ihrem Motorrad sitzt; Johann stellt sich gegen Ludwig und kämpft mit ihm!

⑦ Die Katastrophe/ die Verschonung:

Tod Ludwigs; Johann überlebt und wird nur verletzt.

⑥ Symbole, der Falke, das Dingsymbol:
(Achtung: Es gibt mehrere Dingsymbole, welches ist das wichtigste?)

Die Brücke steht im Zentrum wichtiger Ereignisse;
Symbol der Freundschaft, der Verbindung.
Anfangs Symbol der Faszination (Größe, Höhe – Turm!), aber auch der Gefahr und Gegenwart des Todes (einbetonierter Arbeiter), Selbstmorde;
Schlüsselszenen: Ludwig – Johann auf der Brücke / Johann – Vera auf der Brücke.
Grenzüberschreitung: Ludwig versteckt den toten Bauer, „Beerdigung“ unter der Brücke;
auch Symbol der Liebesbeziehung Johann - Vera.
In Verbindung erscheinen die Brücke und das Elternhaus Ludwigs als bedrohlich (Johann möchte flüchten ...) und unheimlich, Einsamkeit, Kommunikationslosigkeit und Bedrohung sind von Anfang an spürbar; Ludwig „bindet“ Johann auch an das Haus und entfremdet ihn seiner Mutter.
Kater Otto, Veras Katze, könnte auch aufgezählt werden: ölverschmiert, die Katze tritt immer mit Vera in Erscheinung, durch die Katze kommt es zur ersten körperlichen Berührung; Johann hat Angst vor ihr, fühlt sich beobachtet (beim „verbotenen“, vor Ludwig zu verbergenden Sex mit Vera).

⑧ Der Erzähler, ein Gespräch:
(Vergleiche hierzu auch deine Lösungen zum „verunsicherten Erzähler“.)

„Vielleicht zählen die zehn Tage davor nicht zu unseren glücklichsten ...“
„Ich denke auch, dass ich Ludwigs Verhalten richtig einschätze ...“ und viele mehr.

SCHREIBAUFGABEN

Wir stellen im Schülerheft drei große Schreibanlässe vor: einen Tagebucheintrag, einen Dialog und eine Rollenbiografie.

Als Lösungshilfen für die Schreibaufgaben werden Anregungen zum Inhalt und zum Aufbau gegeben. Die Schüler sollten in ihrem Repertoire das Wissen über Schreibaufgaben und deren Besonderheiten haben. Es ist immer auf die Vorgehensweise von Schülerheft S. 25 (Musterschreibaufgabe) hinzuweisen, die auf die Vorbereitung aller Schreibaufgaben übertragen werden kann.
Im Vorfeld der Bearbeitung der Schreibanlässe sollte mit den Schülern gemeinsam nach Material im Schülerheft gesucht werden, das für die Aufgabe/zur Stoffsammlung herangezogen werden kann.
Alle drei zentralen Schreibaufgaben sind so angelegt, dass sie erst nach Abschluss des Erschließungsprozesses bearbeitet werden können.

SH 44

Schreibaufgaben – Tagebucheintrag Vera

Situation aus dem Textauszug:

- unangenehmes Gespräch:
  - Vera will wissen, wann Ludwig die Sache mit dem Bremshebel als „Zünglein an der Waage" erwähnte – Johann antwortet mechanisch;
  - Vera konfrontiert Johann mit: Unfall war Selbstmord, Johann sollte auch sterben, aus Rache an Vera und Johann.
- Johanns Trotzreaktion:
  - er hinterfragt die Vermutungen nicht
  - fühlt sich beleidigt und verteidigt Ludwig, nimmt ihn in Schutz
  - verweigert sich jeglicher Auseinandersetzung damit
- Auch nach Ludwigs Tod ist Johann nicht bereit, seine Beziehung zu Ludwig aufzuarbeiten und die damals begangenen Fehler zu realisieren und sich eine Mitschuld an Ludwigs Tod einzugestehen.
- Johann stellt seine Beziehung zu Ludwig noch immer über die zu Vera und nimmt einen Streit oder auch die Trennung billigend in Kauf.

Vorgaben aus dem Vortext und der Aufgabe:

Warum reagiert Johann so ignorant, beleidigt, uneinsichtig?

- insgeheim schlechtes Gewissen
- Angst davor, dass Vera Recht hat und er sich somit Schuld eingestehen muss
- empfindet, dass Vera sich wieder/immer noch zwischen ihn und Ludwig stellen will

Welche Anzeichen für Ludwigs Vorhaben gab es (ihre Wahrnehmung im Vergleich mit dem, was Johann unbedingt hätte merken müssen)?

- Pfannkuchenessen (Vera selbst hat provoziert, dass Ludwig immer mehr isst als sie)
- der Turm in Asien (Vera hat Johann vorgeschlagen, mit einzuziehen, obwohl sie genau wusste, dass es das Projekt von Ludwig und Johann gewesen ist)
- die Schrauberei am Motorrad (niemand durfte es berühren, bei ihrem Versuch wurde Vera verprügelt)
- Ludwig fängt unvermittelt kurz vor dem Wettkampf an wieder zu essen (Vera scheint glücklich darüber – etwa weil sie glaubt, dass dadurch der sportliche Erfolg ausbleiben wird – gönnt sie Ludwig diese Niederlage, um sich auch zu rächen?)

→ Johann nimmt diese Anzeichen einfach zur Kenntnis, ohne sie als Warnsignale zu erkennen oder sie zu hinterfragen – warum ist er darauf nicht eingegangen?

Wer trägt eine Mitschuld an Ludwigs Tod?

- Vera nach Fehlern in ihrem eigenen Verhalten:
  - Hat sie die Beziehung zu Johann provoziert, um Ludwig zu kränken, um ihn eifersüchtig zu machen, um an seinem Leben teilzuhaben, was er wohl kategorisch ablehnte?
  - Hätte sie Ludwig zurückhalten sollen, als er wieder angefangen hat zu

essen?
- Hätte sie mit Vater oder Mutter über ihre Beobachtungen in Ludwigs Verhalten reden sollen?
- Wollte sie ihn vielleicht auch leiden sehen, so wie er sie immer hatte leiden können?

- Auch Johann möchte sie keine Schuld geben, ihn aber dazu bringen, seine Beziehung zu Ludwig nun endlich einmal kritisch zu hinterfragen – mit etwas Abstand. Sie hielt ihn damals und hält ihn noch heute für befangen und irritiert und versucht herauszufinden, warum Johann so rigoros eine Auseinandersetzung mit den Geschehnissen ablehnt und nach wie vor alle Belange um ihn und Ludwig verharmlost und schönredet.

Zukunftsperspektive:

- Will ich mit jemandem zusammen sein, der nicht gewillt ist, sein eigenes Handeln kritisch zu hinterfragen?
- Wird Ludwig immer zwischen uns stehen?
- Kann Johann überhaupt eine Beziehung führen, die von Vertrauen und Liebe geprägt ist?

Schreibaufgaben - Dialog Johann – Vera

SH 45

Situation aus dem Textauszug:

- Johann hat Angst um Ludwig, denn er glaubt, er würde springen, also muss Johann bereits vorher etwas von Ludwigs zerrissener Gefühlslage gemerkt haben.
- Vera hat Angst um Johann und ist der Meinung, dass sie ihn retten kann.
- Vera und Johann wissen also eigentlich beide, dass es Ludwig schlecht geht und sie ihn gemeinsam hindern könnten/müssen, etwas Unüberlegtes zu tun.

Vorgaben aus dem Vortext und der Aufgabe:

- unausgesprochene Vermutungen, Ängste, Befürchtungen bei Johann und Vera – demnach haben sie beide Beobachtungen über Ludwigs Verhalten gemacht, die besorgniserregend sind.
- Analyse der „Dreierbeziehung“: Freundschaft, Liebe, Familienzusammenhalt, Eifersucht, Rache, Neid, Abhängigkeit, Heimlichtuerei, Lügen, Ausreden, Konkurrenz, Provokation, Missgunst

Woher kommen die Vorahnungen?

- beim Zwillingsgelübde sagt Ludwig, wenn einer einen Grund hätte, von der Brücke zu springen, dann müsste das auch der andere tun (S. 48)
- Ludwig erwähnt, wie seltsam es ist, dass ein Leben davon abhängt, ob man den Bremshebel rechtzeitig zieht oder nicht (S. 82)
- Ludwig vergleicht das Motorrad mit dem Zweier ohne und Johann ergänzt den Bezug zu den beiden selbst – zwei Leben, ein Schicksal (S. 91)
- Ludwig spricht über Freundschaft und dass der Tote (gemeinsames Geheimnis) ihnen sagt, wie wichtig es ist, zusammenzuhalten (S. 99)
- Ludwig erzählt von der Sinnlosigkeit einer Welt, in der man nicht mit den Toten zusammenleben kann (S. 103)
- Mutprobe auf der Brücke – Johann wird bewusst, wie weit Ludwig gehen würde – und lässt sich gezwungenermaßen darauf ein, weil er nicht will, dass Ludwig springt (S. 108)
- Johann gesteht sich ein, dass es keinen größeren Liebesbeweis gibt, als einen Selbstmord für einen anderen (S. 121)

Warum glaubt Johann, Vera könnte sich etwas antun?

- schlechtes Gewissen gegenüber ihrem Bruder, weil sie heimlich mit Johann zusammen ist

- Vera könnte vermuten, dass sich Johann nie für sie, sondern für Ludwig entscheiden würde
- Johann hatte sie tagelang ignoriert und sie dachte, es wäre Schluss
- Vera hat Angst vor Ludwig

Warum befürchtet Johann, Ludwig könnte springen?

- die verlorene Landesmeisterschaft gegen die Potsdamer Zwillinge
- weil er ihn nach dem Rennen im Stich gelassen hatte
- Ludwig könnte die Beziehung zwischen ihm und Vera herausgefunden haben

Was bedeutet „dich retten"?

- aus Ludwigs „Fängen"
- Johann die Augen öffnen, dass es niemand wert sein kann, sich für ihn umzubringen
- Johann zeigen, dass sie immer für ihn da ist.

Welche Anzeichen für einen eventuellen Selbstmord Ludwigs hat es gegeben?

- siehe SH S. 12
- siehe oben – Vorahnungen

Wieso haben die beiden nie über ihre Ängste gesprochen?

- Sie haben nicht gelernt, miteinander zu kommunizieren (wie in den Familien auch nicht gesprochen wird)
- Angst, zu viel von sich selbst preis zu geben
- Johann sieht sich durch Ludwig „beschützt"

Warum haben die beiden noch nicht mit Ludwig gesprochen?

- Angst, den anderen (Ludwig) zu verletzen
- Angst, man könnte falsch oder nicht verstanden werden
- Angst, der Beziehung dadurch eine neu Qualität zu geben, sie zu intensivieren, zu festigen

Welche Bedeutung hat die Brücke für dieses Gespräch?

- Brücke ist ein besonderer Ort für Ludwig und Johann
- Brücke ist ein besonderer Ort für Johann und Vera (Liebesnest)
- Brücke als Bedrohung
- Brücke als Symbol für den Selbstmord, den man hier vollführen könnte (Ludwigs Mutproben mit Johann)

Welche Schlussfolgerungen wollen die beiden aus diesem Gespräch ziehen?

1. Johann und Vera wollen ihre Beziehung intensivieren, indem sie nun öfter bei Johann übernachten werden. Damit will Johann die Unabhängigkeit von Ludwig forcieren.
2. Johann nimmt sich vor, mit Ludwig über sein Verhältnis zu Vera zu reden.

Schreibaufgaben - Rollenbiografie Ludwigs

Zur Vorbereitung einer Rollenbiografie ist es für die Schüler wichtig, die Figur, aus deren Sicht sie schreiben, gut zu kennen. Hierbei können so genannte Einfühlungsfragen helfen, die die Schüler auch gerne zunächst in Partnerarbeit beantworten können.

Die Ergebnisse dienen als Stoffsammlung:

- Wie heißt du? Wie alt bist du?
- Wie siehst du vom Körperbau her gesehen aus? Hast du besondere körperliche Merkmale? Wie reagieren die anderen Figuren auf deine äußere Erscheinung?
- Wo lebst du? Mit wem wohnst du zusammen?
- Wie sind deine sozialen Verhältnisse? In welchen sozialen Beziehungen mit anderen stehst du? Wie trittst du anderen gegenüber auf?
- Was interessiert dich besonders? Wie sieht dein normaler Alltag aus?
- Was machst du in deiner Freizeit?

- Welcher sexuellen Orientierung folgst du? Wie sieht dein Verhältnis zum anderen Geschlecht aus? Welche Erfahrungen hast du gemacht? Was wünschst du dir?
- Wie wichtig ist dir deine Freundschaft zu Johann? Worauf beruht diese Freundschaft und was hält sie zusammen?
- Wie wird Johann wohl von anderen Personen wahrgenommen? Was erwartest du von Johann besonders? Was kannst du am wenigsten leiden?

Folgende Materialien können zur Vorbereitung auch genutzt werden:

SH S. 4-7, 9-13, 22, 24, 30-31 sowie bereits gelöste Schreibaufgaben.

Zwillinge, nur du und ich:	gleich sein, alles gemeinsam erleben, überzogener Anspruch auf Zweisamkeit, Unterbindung weiterer sozialer Kontakte
Charakter:	eigenbrötlerisch, dominant, Angst vor Verlusten, und Niederlagen, stark ausgeprägter Machtwille, beharrlich, rigoros, unberechenbar, launisch, Affinität zum Tod
Ziele:	uneingeschränkte Zweisamkeit mit Johann, sportlicher Erfolg, gemeinsame Berufsausübung mit Johann
Freundschaft mit Johann:	er dominiert die Freundschaft, Johann ist der treue Gefährte, braucht Johann als unkritischen Begleiter, ist besessen von der Angst, ihn zu verlieren, will eine Zwillingsfreundschaft leben, die aber im Zuge der Pubertät auf Dauer nicht konsequent lebbar ist
Gründe für die Veränderung:	Drang nach Anerkennung, Verlustängste, ungenügendes Selbstwertgefühl, Intoleranz, autoritäres Freundschaftsideal, keine familiäre Bindung und Anerkennung, Eifersucht, scheinbar nicht erfüllte „Liebe“ zu Johann, der eine Liebesbeziehung eingeht
Meine Schwester Vera:	kann sie nicht leiden, sieht sie als Bedrohung der Freundschaft zu Johann, Konkurrenz, vom Vater mehr geliebt als ich, drängt sich zwischen Johann und mich, ist immer da, nie hat man vor ihr Ruhe
Meine Familie:	Mutter nie da, Vater kein Vorbild (hat nichts aus seinem Leben gemacht), reden kaum/nicht miteinander, lässt Geborgenheit und Umsorgen vermissen, Vater interessiert sich scheinbar nicht für meinen Sport

Muster für eine Rollenbiografie

Wenn ich hier oben auf der Brücke stehe, dann scheint mein ganzes Leben an mir vorbei zu rauschen wie die hämmernden LKWs, die mich schon als Kind faszinierten.

Mittlerweile bin ich 17, ich, Ludwig, der früher wegen seines Aussehens gehänselt wurde. Das hörte aber auf, als ich Johann kennen lernte. Das war vor mittlerweile 6 Jahren. Meinem Freund Johann macht es nämlich nichts aus, meinen Anblick „zu ertragen“– meine fast weißen Haare, die manchmal wie ein Helm aussehen. Vielleicht sollte ich sie auch einfach loswerden, mal was anderes ausprobieren.

Aber das mache ich nur, wenn Johann es auch tut. Wir machen nämlich alles gleich, alles gemeinsam und das ist absolut berauschend. Früher war es für mich unvorstellbar, einen Freund zu haben, mit dem ich alles teilen kann – und ich meine wirklich alles!...

Schreibaufgaben

Die folgenden Schreibaufgaben stellen die Figur Ludwigs in den Mittelpunkt. Inhaltlich sind sie sich ähnlich, sie gehen alle von der Situation der Niederlage im Landesfinale aus.

Variante 1 ist ein Gespräch zwischen Johann und Ludwig

Variante 2 ein Telefonat Ludwigs mit Johann

Variante 3 ein Brief Ludwigs

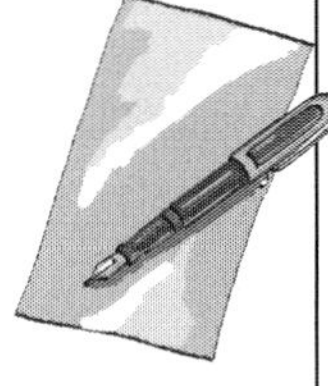

V 1: Schreibaufgabe – Gespräch zwischen Johann und Ludwig

In den Tagen vor der Landesmeisterschaft haben Ludwig und Johann fast nicht miteinander geredet – nicht über Ludwigs verändertes Verhalten, nicht über seine plötzlichen Fressattacken, eigentlich hatten sie nur nebeneinander her gelebt. Das war natürlich nicht Johanns Vorstellung von einer ganz engen Freundschaft, wie er sie mit Ludwig teilte, oder teilen wollte. Dann kam die Niederlage! Und mit ihr geschah etwas Seltsames.

„Ich nahm Ludwig in den Arm, als wir ausgestiegen waren. Wir taten das nicht oft, eigentlich nie. Aber ich war glücklich, ein schwieriger Sommer lag hinter uns, und alles in allem waren wir ganz gut durchgekommen. Uns waren die wenigen Umarmungen, die wir hatten, nicht gelungen, nach Siegen oder wenn einer Geburtstag hatte [...] Aber diese Umarmung geriet uns richtig gut. Wir fanden problemlos zusammen, [...] Ich hatte das Gefühl, dass sich Ludwig richtig festhielt, dass er es war, der die Länge unserer Umarmung bestimmte." [117/21-118/11]

Johann spürt, dass plötzlich etwas anders ist. Er will die Chance nicht verstreichen lassen, dieses emotionale Entgegenkommen, so verstand er es jedenfalls, zu nutzen, um mit Ludwig zu reden, ihn zu trösten, ihm Verständnis entgegen zu bringen, ihn zu bewundern, ihn aufzumuntern und ihm zu sagen, wie wichtig er für ihn ist. Es ist natürlich auch Johanns Chance, ehrlich zu Ludwig zu sein – die Sache mit Vera – das Gefühl, manchmal von ihm eingeengt zu sein. Ludwig wird ihm jetzt zuhören und nicht davonlaufen. Auch Ludwig ist dankbar, dass Johann den ersten Schritt macht und gemerkt hat, dass er wohl vieles auf dem Herzen hat, was er nie aussprach.

Schreibe dieses Gespräch zwischen Johann und Ludwig. Lasse die beiden dabei behutsam aufeinander zugehen und ehrlich über ihre Gefühle, ihre Vorstellungen, ihre Bedenken und Ängste, aber auch über die Wertigkeit ihrer Freundschaft reden.

Ausgangssituation: Initiator des Gesprächs ist Johann. Er muss zunächst die Umarmung als Zeichen werten, dass auch Niederlagen zusammenschweißen können, dass diese Niederlage zeigt, wie eng sie verbunden sind, zumal auch niemand Vorwürfe erhebt. Johann ist einfach nur froh, dass er seinen Freund Ludwig im Arm hält. Und diesmal ist es wirklich eine herzliche Geste der Verbundenheit, die sich Johann schon lange gewünscht hat, aber von Ludwig nie erhalten hatte.

Johann: *Das war ein unglaubliches Rennen! Wir haben alles gegeben, als Team wie aus einem Guss gearbeitet und auch jetzt sind wir sozusagen verschmolzen.*
Ich höre dein Herz schlagen, im Einklang mit meinem. Wir sind beide ausgepowert und das ist ein gutes Gefühl. Es war echt knapp, diesmal sollte es einfach nicht sein. Aber davon werden wir uns nicht runterziehen lassen. Wir sind Freunde – in guten wie in schlechten Tagen – und eigentlich ist heute gar kein so schlechter Tag: Es ist, als ob eine Last von uns abfällt. Spürst du das auch? Wir sind wie befreit ...

Ludwig: *Bist du denn gar nicht enttäuscht? Wir haben monatelang nur für diesen Wettkampf trainiert ...*

Johann: *... und konnten so jede freie Minute miteinander verbringen. Was willst du mehr?...*

Gesprächsaufbau:

- Trost spenden
- gemeinsames Erleben der Niederlage und vor allem der Umarmung thematisieren
- Gedanken in/zu diesem Moment äußern
- Reflexion über vergangene(s) Ereignis(se), z. B. auf der Brücke, Ludwigs Fressattacken ...
- Vorstellungen von ihrer Freundschaft – vorsichtige Kritikpunkte von Johann
- Was wollen sie beide?

Es hängt vom Gesprächsverlauf ab, ob bei diesem bisher einzigen richtigen Gespräch auch das Thema Vera zur Sprache kommt.
Das Gespräch kann keine großartigen Zukunftspläne/-perspektiven beinhalten, die beiden müssen das ehrliche Reden erst „üben“, sich daran gewöhnen.

Vorgaben der Aufgabe	Johann	Ludwig
	- Initiator, hat schon lange auf diese Chance gewartet, sieht sich durch Ludwigs innige Umarmung ermutigt	- signalisiert, dass er Johann jetzt wirklich braucht, er sucht seine Nähe, ist auf ein Gespräch nicht gefasst
Chance	- einmal derjenige sein, der die Initiative ergreift, seine eigene Idee in die Tat umsetzen - herausbekommen, warum sich Ludwig so verändert hat - Ludwig sagen, wie er selbst die Freundschaft sieht, auch etwas kritisch	- einmal nicht der Starke, Unnahbare sein - seine Gedanken äußern - die Freundschaft mit Johann retten
trösten	- haben zwar verloren, aber toll gekämpft - nicht nur Siege zählen, sondern vor allem das Gemeinschaftsgefühl	- kann den Trost annehmen und zugeben, dass nicht der Sieg ausschlaggebend war, sondern Johanns uneingeschränkte Aufmerksamkeit zu jeder Zeit
Verständnis zeigen	- Schwierigkeiten, das Gewicht zu halten - Ludwigs Vater kommt nie zu einem Rennen - dafür, dass Ludwig ihn ständig um sich haben will, ihn voll vereinnahmt	- äußert seine Gedanken zur eigenen Familiensituation, zum Vater - gesteht vielleicht ein, mit der Gewichtszunahme Johann getestet zu haben
bewundern	- eiserner Wille Ludwigs - Durchsetzungsvermögen - Furchtlosigkeit	- sieht sich anerkannt

Ehrlichkeit	- Ludwig engt ihn ein, bevormundet ihn - muss zugeben, vieles schöngeredet zu haben - Vera?	- sieht sich mit der Perspektive Johanns konfrontiert - kommt im Idealfall ins Grübeln und revidiert seine Einstellung zum Zwillingsein
Ängste	- Ludwig als Freund zu verlieren - Freiräume, auch andere Meinung akzeptieren	- Johann als Freund verlieren - Versagensängste
Wertigkeit der Freundschaft	- hängt an Ludwig, will ihn nicht verletzen - Ludwig ist sein einziger Freund - will ihm helfen - fühlt sich zu sehr eingeengt	- will Johann an sich binden - ist dabei sehr radikal und resolut - *Gespräch könnte vielleicht ein Umdenken in Gang setzen, wenn es keine einmalige Sache bliebe, sondern auf einen ehrlichen Umgang miteinander hingearbeitet werden würde.*

Beim Schreiben sollte man Vorsicht walten lassen und nicht alle Charaktere über Bord werfen. Das Gespräch kann nur ein erster Schritt sein, bei dem auch nicht alle Probleme gelöst werden können.

Im Gespräch geht es hauptsächlich darum, dass die beiden überhaupt einmal miteinander reden in dem Sinne, dass sie ehrlich sind, über ihre Gefühle sprechen und sich in die Perspektive des jeweils anderen hineinversetzen können.

Beim Thematisieren der Schwierigkeiten in Johanns und Ludwigs Freundschaft ist die Zielrichtung nicht Ludwigs Bestätigung in seinem Suizidvorhaben. Dieses kann in diesem Gespräch nicht auftauchen, denn es ist ein Gespräch, das den Handlungsverlauf vielleicht noch hätte ändern können. Das muss den Schülern bei der Erschließung/Erarbeitung der Schreibaufgabe bewusst werden.

V 2: Schreibaufgabe – eine Sequenz einfügen

Nach der Niederlage im Landesfinale möchte Ludwig nicht, dass sie zusammen nach Hause fahren.

- *„Er müsse noch für die Führerscheinprüfung lernen, sagte er."* (S. 118)

Als Johann zuhause ist, klingelt das Telefon. Es war Ludwig.

- *„Johann, ich habe mich so auf die Führerscheinprüfung gefreut. Jetzt aber ..."*

Über die Distanz des Telefons kann Ludwig Johann mitteilen, wie er sich fühlt, wie er die Niederlage empfindet und welche Gedanken er sich über die Freundschaft mit Johann macht.

Wahl der Form:

- szenischer Dialog (Wechselrede); beachten, dass Ludwig der Initiator ist. (einfacher)
- Dialog mit erzählerischen Elementen, der Gedanken Johanns einbringen kann. (Anspruchsvoller, aber ein interessanter Versuch!)

Möglicher Beginn:

Es war Ludwig. „Johann, ich habe mich so auf die Führerscheinprüfung gefreut. Jetzt aber ..."
(Hinweis: Kurbjuweit lässt die Redezeichen weg!)
Macht das noch einen Sinn. Du spürst doch auch, dass zwischen uns ...
Ich war überrascht, dass Ludwig so offen sprach. Ich möchte dir sagen, ...

Dieser Schreibanlass nimmt die Eingangssituation auf, als Ludwig Johann den Kontakt zu Johann suchte: *„Hier ist Ludwig, sagte er als er das erste Mal bei mir anrief."* (S. 19)

Initiator ist nun Ludwig. Es wird hauptsächlich Ludwig reden, seine Gedanken – angesichts der bevorstehenden Führerscheinprüfung – äußern. Er wird eventuell daran erinnern, als er mit Johann in der Werkstatt saß, und hauptsächlich Johann an der Triumph Tiger Cub schraubte: *„Ein Motorrad, sagte Ludwig, ist wie ein Zweier ohne, zwei Leben, ein Schicksal."*
Damals hatte Johann geantwortet, dass es deshalb so gut zu ihnen passe.

Die „zweiten Autoren" sollten vorab reflektieren, dass

- Ludwig gerade die Niederlage mit Johann erlitten hat und Niederlagen nicht hinnehmen kann,
- ihn das Lernen auf die Führerscheinprüfung unnötig erscheinen könnte, wenn die Freundschaft einen Riss hat,
- er dennoch hofft, dass Johann sich an glückliche Tage erinnert.

Von seiner Emotionalität wird er nicht Johann fordernd kritisieren, ihn sich erneut unterordnen wollen, sondern sich ein wenig öffnen. Die Distanz am Telefon hilft ihm dabei.

Johann kann einbringen:

- Er hat Ludwigs Niedergeschlagenheit gespürt, sie hätten sich schon früher offen unterhalten können.
- Auch er ist niedergeschlagen, aber sie können weiter zusammen Erfolge haben.
- Er kann ihn daran erinnern, dass eine Niederlage kein Grund ist „zu springen".
- „Zwei Leben, ein Schicksal" bedeutet nicht, dass beide verzweifeln und resignieren.
- Er muss ansprechen, dass er davon ausgeht, dass Ludwig von seiner Beziehung zu Vera weiß.
- Eine Freundschaft bedeutet nicht unterordnen, zu allem ja sagen. Ich fühle mich zu Vera hingezogen. Ich weiß, dass du mit deiner Schwester ...
- Als Freund bin ich für dich da.
- Mache deine Prüfung - ich freue mich auf die gemeinsame Fahrt mit unserer Tiger Cub.
- Denke an unseren Turm in Asien - wir schaffen das!

V 3: Schreibaufgabe – Ludwig schreibt einen Brief

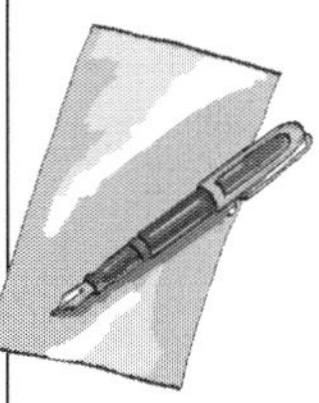

Als Johann morgens aus dem Haus geht, klemmt ein Brief unter der Haustür. Er ist von Ludwig. *„Weißt du noch, als wir ..."* beginnt er.

Schreibe diesen Brief.

Diese Variation berücksichtigt, dass Ludwig seine Gefühle schreibend einfacher ausdrücken kann. Ludwig geht auf Johann zu, wird ihn nicht fordernd vereinnahmen, jedoch auch Kritik üben.

PERSÖNLICHER BRIEF VERAS

Jahre nach Ludwigs Tod und ihrer Trennung von Johann wird sich Vera wieder mit ihm treffen. Die Initiative ging dabei von ihr aus.

„Ein halbes Jahr nach jenem Abend entschied sie sich, ihr Studium in den Vereinigten Staaten fortzusetzen. Ich ging nicht mit. Wir haben uns ein paar Mal geschrieben, dann verlor sich der Kontakt, bis sie vor zwei Wochen anrief, um ihren Besuch anzukündigen. Ich freue mich sehr. Neuerdings gibt es ein Café am Fluss, River Café heißt es. Ich denke, dass ich dort mit ihr hingehen werde. Wenn das Wetter schön ist, könnten wir sogar eine Runde schwimmen.“ (134/2–13)

Vera fällt es sicher nicht leicht, nach den Geschehnissen wieder auf Johann zuzugehen, aber sie fühlt sich dazu verpflichtet. Sie hat mit Johann nie ausdiskutiert, wo ihrer beider Verantwortung bei den Geschehnissen gelegen hat. Alle Versuche ihrerseits wurden von Johann abgeblockt, so als würde er die Sache völlig anders sehen und nicht im Geringsten in Erwägung ziehen, das Ganze hätte verhindern zu können.
Da sie Johann kennt, befürchtet sie, dass es wahrscheinlich auch diesmal schwer werden wird, vernünftig mit ihm zu reden und die Geschehnisse aufzuarbeiten, sodass beide ihr Leben in die Hand nehmen und aus den Fehlern lernen können. Daher schreibt sie einen Brief an Johann, den sie ihm geben möchte, falls der Gesprächsversuch scheitern wird.

Verfasse diesen sehr persönlichen Brief.

Für die Untersuchung der Schreibaufgabe und die Vorbereitung des Schreibens eignet sich eine MindMap.

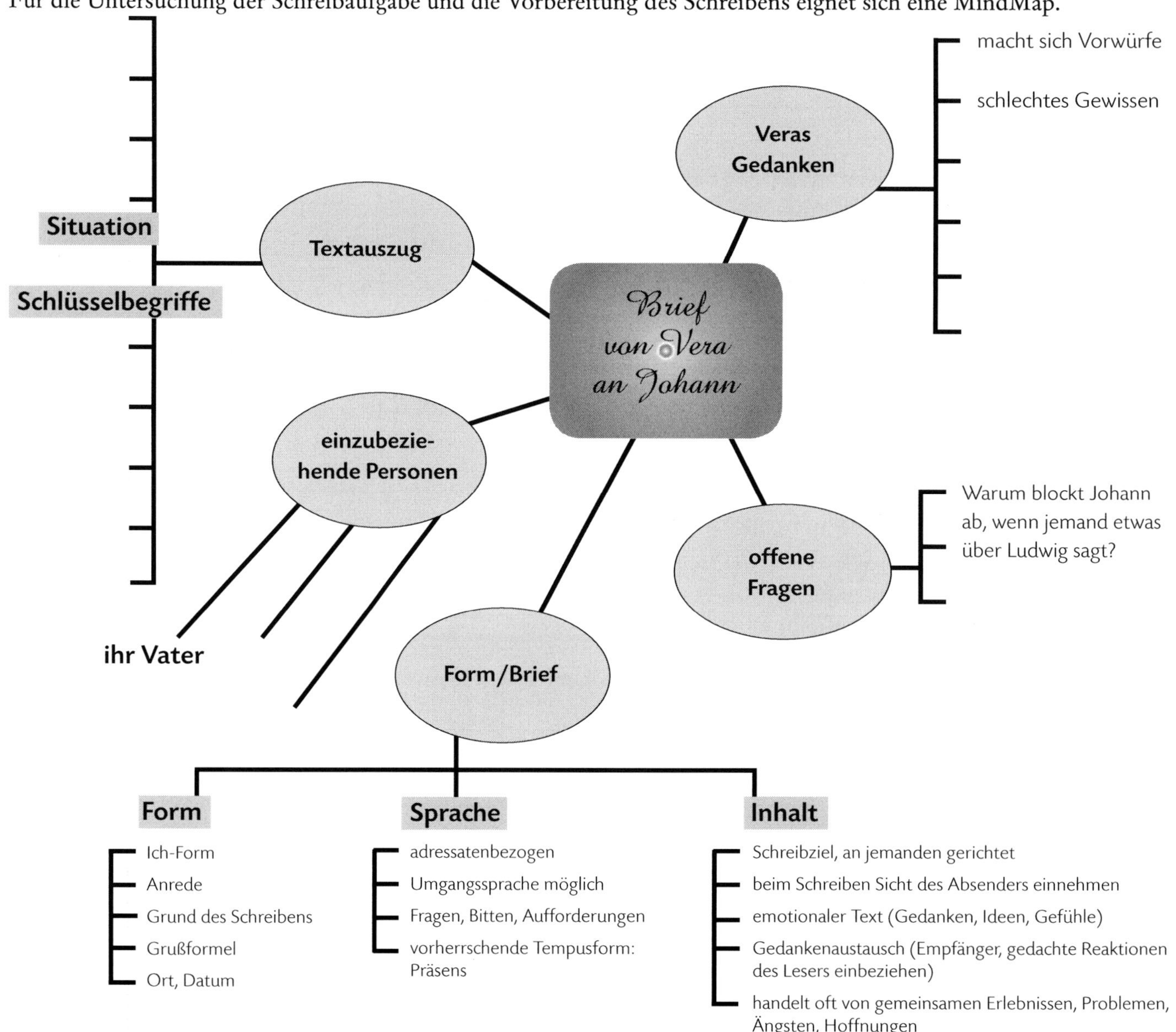

Dirk Kurbjuweit – Journalist und Schriftsteller

SH
47–48

Auf der Seite 47 im Schülerheft stellen wir Dirk Kurbjuweit als erfolgreichen Journalist und als Autor vor, der aus seinem journalistischen Arbeiten Stoffe und Motive zum Schreiben schöpft.

Die Seite 48 enthält einige Auszüge aus dem Autorengespräch. Interessant ist die Andeutung die Kurbjuweit auf das Totalitäre macht, wenn er Ludwig sagen lässt: *„das Gleiche tun, das Gleiche wollen, das Gleiche denken"*.

Der Zwang, das „Müssen", haben wir in unserer deutschen Geschichte zwei Mal erlebt: im Nationalsozialismus und im Macht- und Unterdrückungssystem der SED in der DDR.
Die Gleichschaltung beginnt in den Köpfen, wenn diese sich kritiklos vorgegebenen Zielen und Forderungen unterwerfen. Sie verhindert Offenheit, Kritik an Missständen und duldet Unterdrückung und Ausgrenzung.
Das Positive: Sie muss scheitern.

Notizen – Ideen: